Viaje
hacia la
sanación

Viaje
hacia la
sanación

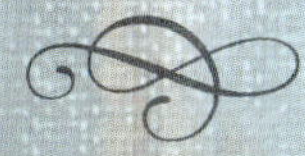

Siete pasos básicos para la recuperación
de los sobrevivientes del abuso sexual

CRYSTAL M. SUTHERLAND

EDITORIAL
PORTAVOZ

Título del original: *Journey to Heal: Seven Essential Steps of Recovery for Survivors of Childhood Sexual Abuse,* © 2016 por Crystal M. Sutherland y publicado por Kregel Publications, una división de Kregel, Inc., 2450 Oak Industrial Dr. NE, Grand Rapids, MI 49505. Traducido y adaptado con permiso.

Edición en castellano: *Viaje hacia la sanación* © 2017 por Editorial Portavoz, filial de Kregel, Inc., Grand Rapids, Michigan 49505. Todos los derechos reservados.

EDITORIAL PORTAVOZ
2450 Oak Industrial Drive NE
Grand Rapids, Michigan 49505 USA
Visítenos en: www.portavoz.com

ISBN 978-0-8254-5741-8

3 4 5 6 7 edición / año 28 27 26 25 24 23

Impreso en Colombia
Printed in Colombia

*Para todos aquellos traumatizados
por el abuso sexual.*

Contenido

Un sincero agradecimiento

Escribir este libro ha sido un viaje; yo no habría podido llegar hasta aquí sin las muchas personas que Dios ha puesto en mi vida para darme apoyo y aliento durante todo el camino. Le doy sinceramente todo el crédito a Dios porque, de no haber sido por Él, yo no habría sido capaz de escribirlo. Te estoy eternamente agradecida a ti, mi Salvador y Amigo.

Quiero darles las gracias a Dennis Hillman, Dawn Anderson y a todos mis amigos de Kregel Publications por arriesgarse con esta autora primeriza y publicar este recurso tan necesario para los sobrevivientes del abuso sexual. ¡Me siento tan agradecida con cada uno de ustedes! Deseo, asimismo, agradecer a las mujeres que compartieron con valentía su viaje conmigo y me confiaron sus historias, no solo dentro de nuestro grupo, sino también con el fin de escribir este libro. Son ustedes el hermoso reflejo del poder redentor de Dios, y me siento bendecida por conocerlas y llamarlas amigas.

Desde luego, yo no habría encontrado el valor de escribir ni de iniciar un grupo femenino de recuperación, si no fuera por mis amigas de la Elevation Church, en Charlotte, Carolina del Norte, quienes se encontraban allí cuando la idea de este libro apenas se había concebido, y me animaron y ofrecieron su ayuda práctica. Al obispo Beall, Gene Lakey, Loree Pittenger, Mark Rigsbee, Selina Brassil, Tyler Daniels, Wayne Cooper, Debbie Hancock y muchos otros (ustedes saben quienes son), me es imposible demostrarles suficiente agradecimiento por todo su apoyo.

A Mike Prasse, MACC, LPC, especialistas en la recuperación de maltratos, quienes se tomaron el tiempo de compartir este conocimiento experto y su profundo entendimiento para ayudarme a desarrollar el estudio bíblico que, finalmente, me llevó a escribir este libro. Estoy sumamente en deuda con ustedes. A mi amigo, el pastor Derwin L. Grey, quien ha sido una fuente sistemática de aliento, sabiduría y apoyo durante mis años en el seminario y también en la redacción de este libro. Eres auténtico y me siento bendecida de llamarte amigo.

A mi querida amiga Ramona, por pasar días examinando mis primeros borradores —usando mucha tinta roja—; tu apoyo y tu estímulo fueron una bendición del cielo y estoy muy agradecida por ti. A los muchos amigos y familiares que se tomaron el tiempo de leer partes del manuscrito, me ofrecieron su apoyo y oraron para que esta obra saliera a la luz. ¡Que Dios los bendiga ricamente!

Me gustaría dar las gracias en especial a Lynn Cowell, quien me dejó tomar prestado todo el material que tiene de la Conferencia Proverbs 31 Ministries She Speaks cuando empecé a escribir este libro. Tu generosidad y estímulo me ayudaron a orientarme en la dirección correcta. Gracias, dulce amiga.

Gracias a mis preciosos hijos; no puedo expresar suficientes palabras de gratitud. Ustedes han estado presentes a lo largo de mi viaje hacia la sanación y me han apoyado y alentado durante todo el agotador proceso de escribir esta obra. Los amo muchísimo a cada uno de ustedes y me siento bendecida de ser su mamá.

Finalmente, a mi esposo, Wes, quien ha sido mi roca durante veintiséis años. Tu paciencia y tu amor perdurable me han permitido tener el espacio que necesitaba para curarme. No sabría expresar con palabras lo que has hecho por mí. Te amo con toda mi alma; gracias por apoyarme infatigablemente durante mi recuperación y mientras escribía este libro.

No estás solo

¿Soy despreciable? ¿Le importo a Dios? ¿Cuándo dejará de dolerme tanto? Estas preguntas y muchas otras similares atormentaron mi corazón durante años. Creo que agobian el corazón de cualquiera que haya sido herido por el abuso sexual en la infancia. Los años de silencio, las mentiras que creemos y los dolorosos recuerdos llegan a ser demasiados para que podamos manejarlos solos. Muy pronto estamos haciendo elecciones que nos conducen a un mayor dolor… y hasta al maltrato.

Tal vez esto describa tu historia y por esta razón has escogido este libro.

Querido(a) amigo(a), me alegro de que lo hicieras.

Si eres como yo, te has sentido solo y asustado, inseguro respecto a cómo iniciar el camino a la recuperación. Quizás pienses que eres el único que ha pasado por lo que has experimentado y que nadie más sabe cómo te sientes. Permíteme asegurarte que no estás solo. Millones de nosotros —hombres, mujeres y jóvenes— hemos sido traumatizados por el abuso sexual. Es uno de los secretos mejor guardados de nuestra cultura actual.

Tal vez buscaste consejo, pero no encontraste un alivio duradero. O recurriste a amigos y familiares, pero no supieron entender tus luchas ni pudieron ofrecerte soluciones útiles. La verdad es que sanar del abuso sexual suele ser un proceso largo, doloroso y, a menudo, complejo. La sanación instantánea es inusual, aunque no imposible, como nos recuerda Lucas 1:37: "Porque para Dios no hay nada imposible" (NVI). A la larga, la curación es un viaje que requiere de la ayuda de Dios y que toma tiempo, a medida que Él obra en colaboración con nuestro esfuerzo.

Si pudiéramos sentarnos y conversar tomando una taza de café, yo extendería mi mano por encima de la mesa, tomaría la tuya y te diría que vas a salir de esto y que llegarás bien al otro lado. Te aseguraría que sé por lo que estas pasando, porque yo también recorrí ese camino. Imagino que sientes que ya no aguantas más y que necesitas a alguien con quien hablar, alguien que lo entienda y que de verdad comprenda cuál es tu lucha. Necesitas a un amigo o una amiga que haya estado en el mismo lugar oscuro y que conozca la salida. Espero que, conforme vayas leyendo este libro, me consideres exactamente esa persona.

Yo he estado donde tú estás ahora, buscando y esperando respuestas sinceras a mis preguntas, y alguien que me tranquilizara de una forma válida, diciendo que todo iría bien. Sé lo que significa haber sido descuidada, abandonada, traicionada por aquellos a los que yo amaba, y que abusaran de mí cuando deberían de haber sido quienes más me quisieran. He recorrido el camino del sufrimiento y vivido sin ningún sentido de la autoestima. He comprobado la fealdad de la naturaleza humana y he sido víctima de cosas indecibles.

Aunque tomé distintas sendas en el intento de sanar el dolor que sentía dentro de mí, solo una me llevó a la libertad: mi relación con Jesucristo. Querido(a) amigo(a), estoy convencida de que la sanación solo se produce cuando depositamos nuestra esperanza en Jesucristo. Él me ha restaurado de formas que yo ni siquiera creía posibles, mediante el amor de la familia, la iglesia y la verdad de su Palabra. Él ha guiado mis pasos y me ha ayudado a encontrar mi camino y superar años de culpa y vergüenza, hasta llegar al lugar de libertad que hoy disfruto.

No tengo la menor duda de que si le encomiendas tu viaje, Él hará a la larga lo mismo por ti: sanará tu quebranto y te conducirá a la libertad. Tomará tiempo y experimentarás reveses, pero te puedo asegurar de que Dios está *a tu favor* y que estará *contigo* en cada paso del camino.

A medida que Dios produjo sanación y restauración en mi vida, Él me alentó a compartir mi viaje con otros. Bajo su insistencia escribí y dirigí un estudio bíblico para mujeres sobrevivientes del abuso sexual en la infancia y la violación. El estudio se basaba en principios bíblicos que Dios me enseñó durante mi propia recuperación.

Mientras dirigía ese estudio, también tuve la oportunidad de compartir mi testimonio de sanación con mujeres de un centro de recuperación para adictos. Muchas de estas mujeres sufrieron abuso sexual siendo niñas. A través de estas experiencias comprendí que personas de todas las edades, trasfondos y etapas de recuperación están buscando un camino claro hacia la sanación. Fue entonces cuando sentí la necesidad de escribir *Viaje hacia la sanación*.

No se trata de una autobiografía, aunque a lo largo del libro explique partes de mi historia. Es más bien un mapa de carretera hacia la recuperación. Es una guía de viaje para tu trayecto hacia la sanación, basado en lo que Dios me ha mostrado como cierto en mi propia vida. No creo que exista un remedio único que pueda curar todo el dolor que sentimos, pero sí me he dado cuenta a través de mi propia experiencia de que existen pasos básicos que debemos tomar y verdades bíblicas que debemos aplicar a nuestra vida a fin de curarnos por completo.

Mi historia no acaba en el abuso y quebranto, y la tuya tampoco.

Quizás no podamos tomar un café y compartir lo que tenemos en nuestro corazón, pero espero que a medida que leas las páginas de este libro encuentres aliento, inspiración y dirección para tu viaje. Que sepas que no estás solo. Vas a salir de esto y Dios no permitirá que sea en balde.

¡Estoy tan entusiasmada de compartir este viaje contigo! No cabe duda de que ha sido Dios quien nos ha conectado y le pido a Él que use este libro para sanar tu corazón.

Capítulo uno

PASO 1: Comprométete con el viaje

Y deteniéndose Jesús, los llamó y les dijo:
"¿Qué quieren que Yo haga por ustedes?".
—MATEO 20:32 (NBLH)

Mis padres eran adolescentes cuando yo nací. Se podría decir —imagino— que fui un feliz accidente. Se casaron por mí y se divorciaron cuando yo tenía casi dos años. Hubo muchos problemas entre ellos que yo no entendí mientras crecía. Lo único que supe fue que mi madre tenía mi custodia y que vivíamos a un breve viaje en avión de mi padre. Él llamaba de vez en cuando, me enviaba regalos y me ofrecía visitas ocasionales, pero este sería todo el alcance de su papel en mi vida hasta el final de mi adolescencia.

En su ausencia, mi madre se ocupó de la mayor parte de mi cuidado, y creo que hizo lo mejor que pudo. Ella era joven y mi nacimiento no fue planeado; había muchos factores estresantes en su vida.

Mi madre pasó por una serie de relaciones y volvió a casarse cuando yo tenía más o menos diez años. Quedó encinta de mi primer hermano y, en general, la vida parecía ir bastante bien. Su nuevo marido era amable al principio, y hasta actuó como padre durante un tiempo. Jugaba conmigo y me enseñó a encestar el balón de baloncesto y a atrapar una pelota de béisbol. Por primera vez en mucho tiempo, mi madre parecía realmente feliz, y eso también me alegraba a mí.

Con su propia serie de recuerdos dolorosos de la infancia y el estrés de ser madre soltera, mi madre descargaba de vez en cuando sus frustraciones en mí. Sus reacciones ante mis torpezas infantiles eran a menudo violentas y escandalosas. Por mucho que la amaba y siendo yo aún muy joven, empecé a tenerle miedo. Sin embargo, aquel nuevo hombre en nuestras vidas parecía aportar cierto equilibrio entre nosotras.

Por primera vez desde que puedo recordar, sentí que tenía una familia de verdad. Jugábamos juntos, viajábamos a lugares divertidos y hacíamos nuestras comidas en el comedor. Todo parecía perfecto hasta la noche en que todo cambió.

Él sugirió que fingiéramos ser cachorros. Sonaba divertido, así que lo hicimos.

Durante un tiempo fue solo eso: los dos a cuatro patas, arrastrándonos por el suelo en la oscuridad. Con la televisión de fondo y mi madre dormida en la planta superior, él me atrapaba, me hacía cosquillas y yo me retorcía y escapaba.

Poco después, el juego cambió. Él propuso: "Seamos como cachorros de verdad. Los cachorros no llevan ropa". De modo que se quitó los pantalones y la ropa interior y me indicó que yo hiciera lo mismo. De mala gana seguí sus instrucciones, insegura, pero creyendo aún que aquello formaba parte de nuestro absurdo juego.

En aquel instante, todo se transformó, porque fue en aquellos momentos siguientes cuando abusó de mí. Empecé a llorar, a decirle que aquello era asqueroso y que se detuviera. Él estuvo de acuerdo, dijo que lo sentía, me rogó que no se lo dijera a mi madre y prometió que nunca más lo volvería a hacer. Yo le creí y obedecí.

No queriendo disgustar a mi madre ni desbaratar nuestra nueva vida familiar, no le conté lo que él había hecho. Me convencí a mí misma de que fue una terrible equivocación que no volvería a suceder nunca más. Tristemente ocurrió. Aquella noche fue el principio de una serie de muchas promesas rotas. A lo largo de los años siguientes, él siguió abusando de mí cada vez más y terminaba siempre del mismo modo: disculpándose, rogándome que no se lo contara a mi madre y prometiendo que no volvería a pasar.

En el transcurso de los años que siguieron se produjeron numerosos cambios en nuestra familia, pero una cosa permaneció constante: sus abusos. Él sabía que estaba haciendo algo incorrecto, pero parecía no poder detenerse. Aunque yo le amenacé a menudo con decírselo a mi madre, no encontraba el valor de hacerlo, porque ella era inestable e impredecible. Yo no sabía si se volvería violenta conmigo o si me defendería. Me paralizaba el temor a su reacción y estaba segura de que, de alguna manera, me echaría a mí la culpa. Cuanto más esperaba, peor me sentía.

Cuando tenía alrededor de trece años, mi familia empezó a asistir con regularidad a una pequeña iglesia cerca de nuestra casa. Era una de esas iglesias de tiempos pasados en la que el predicador habla enérgicamente y el coro no es tan profesional. Le doy gracias a Dios por iglesias como estas, porque fue durante uno de los muchos sermones de "fuegos y azufre" cuando tomé consciencia de mi propio pecado y de mi necesidad de perdón. Cuando el pastor invitó a todos a orar con él, repetí cada palabra, pidiéndole a Jesús que perdonara mis pecados, viniera a vivir en mi corazón y cambiara mi vida.

Para ser sincera, mi decisión inicial por Cristo surgió de mi miedo al infierno. Recuerdo cuánto me horrorizó pensar en ese destino y estaba segura de que Dios me enviaría allí no solo por mis propios pecados sino también por lo que mi padrastro me estaba haciendo. En aquel momento no entendía que Dios me amaba y que quería tener una relación conmigo. Además, la idea de Dios como Padre amoroso me resultaba confusa a la luz de mis circunstancias en casa. Como resultado, nuestra relación empezó de un modo un tanto precario.

Afortunadamente, el amor de Dios es incansable. Él utilizó todos los medios, desde las lecciones de la escuela dominical hasta los himnos que cantábamos en la iglesia, para revelarme su amor incondicional, atrayéndome cada vez más cerca de Él. Cuando miro ahora al pasado, puedo ver dónde estaba obrando en mi vida, fortaleciéndome y alentándome a través de las Escrituras, los amigos, maestros y mentores, y proporcionándome finalmente el valor que necesitaba para romper el silencio respecto al abuso.

Yo tenía quince años cuando le conté a mi madre lo que mi padrastro me estaba haciendo. Para entonces yo ya estaba preparada para hacer lo que fuera preciso para que aquello cesara. Ya había considerado varias alternativas mucho peores de lo que mi madre pudiera decirme o hacerme. Sinceramente, incluso había contemplado el suicidio, si fuera eso necesario para poner fin a mi pesadilla.

Su respuesta resultó ser la que yo más había temido: me echó la culpa a mí. Sugirió que yo había incitado a mi padrastro a comportarse así, y preguntó por qué no se lo había contado antes. Sus palabras fueron devastadoras, pero ahora entiendo que brotaron más de su propia conmoción y del miedo que de cualquier otra cosa. Estaba tan abrumada por la noticia que se marchó durante un par de días para poder digerirla. Yo no estaba muy segura de que mi madre regresaría, pero no importaba. Ya no tenía miedo… ni de ella ni de él.

Aquel día marcó el final de varios años de abuso sexual.

Aunque no puedo estar del todo segura, tengo la impresión de que mi madre volvió a casa decidida a mantener intacta nuestra familia, independientemente de lo disfuncional que esta era. Recuerdo haber sido confrontada con la opción de "puedo divorciarme de él y que tu hermana y tú crezcan sin un padre, como tú, o podemos hacer que esto funcione. Tú eliges". En ese tiempo yo no sabía que tenía otras opciones.

No caí en la cuenta de que lo que mi padrastro me había hecho fuera ilegal o que sus actos pudieran tener consecuencias legales. Por ello, las autoridades no se involucraron nunca. En las palabras de mi madre, yo no percibía elección alguna, de modo que seguimos todos juntos, bajo el mismo techo, unos cuantos años más.

Como podrás imaginar, los días, las semanas y los meses siguientes fueron extremadamente tensos y difíciles. Las palabras hirientes y las acusaciones volaban, y muchas iban dirigidas a mí. Caí en una profunda desesperación y sensación de desamparo, y me hundí en una espiral descendente de malas elecciones.

A los diecisiete años, empecé a buscar la validación y la aceptación en todos los lugares equivocados y, una tarde, acabé encontrándome en una dolorosa circunstancia con un muchacho que conocía de la escuela. Todo empezó de un modo bastante inocente, pero él empezó a insinuarse de una manera que yo no pude controlar. Luego, como ya no quería nada más de mí, pasó a su siguiente conquista. Él fue el primero, y nueves meses después tuve a mi primer hijo.

Tras descubrir que estaba encinta, la vida en casa se hizo más difícil todavía, y empeoraron las tensiones entre mi madre y yo. Como madre adolescente, la escuela me resultó más difícil que antes. El estrés me enfermó físicamente al extremo de tener que ingresar en el hospital y ser medicada con relajantes musculares. Para complicar más las cosas, no mucho después del incidente con aquel joven, yo había empezado a salir bastante en serio con alguien. Durante un breve tiempo pensé que podría ser el padre de mi bebé y, por ello, hicimos planes de casarnos. Aunque estos nunca llegaron a cumplirse, seguimos manteniendo una relación seria durante un par de años.

Él era una buena persona y parecía preocuparse de verdad por mí. Su madre era amable y vio mi necesidad de ayuda. Nos invitó a mi hija y a mí a vivir con ella y su familia, hasta que pudiera recuperarme. De manera que, unos cuantos meses después de nacer mi bebé, empaqué mis cosas y nos trasladamos.

Podría continuar y compartir los detalles que siguieron, pero eso sería más adecuado para las páginas de una autobiografía. Lo más importante es que yo era un fracaso; estaba muy confusa y, a pesar de mi decisión anterior por Cristo, estaba muy lejos de Dios. Afortunadamente Él permanece fiel a nosotros, aunque le seamos infieles. Sigue amándonos incondicionalmente, incluso cuando nosotros no le devolvemos su amor.

Creo que Dios me dio el valor de hablar sobre el abuso, de llevar a término mi embarazo imprevisto, de graduarme de la escuela secundaria y de vencer las muchas dificultades que conllevaba ser madre soltera. Él proveyó el amor y la dirección que yo necesité en uno de los momentos más críticos de mi vida, proporcionándome la forma de cuidar de mi hija y, con el tiempo, asistir a la universidad.

Dios fue sumamente paciente conmigo; yo seguí haciendo muchas malas elecciones por el camino. Pasarían años antes de que me diera cuenta de que lo que mi padrastro me había hecho era un delito y no era culpa mía. Hasta aquel momento, cargué con mucha culpa y vergüenza, inconsciente de la conexión entre el trauma del abuso sexual y las luchas emocionales que estaba teniendo como mujer joven. No se me ocurrió que mi forma de pensar y mis malas decisiones eran el resultado directo de mis heridas del abuso.

Mi principal objetivo, a mis veinte años, era terminar la universidad y resolver mi vida. Quería olvidar el pasado y seguir adelante. Lo último que quería era hablar de los abusos, y mucho menos, ocuparme de ellos. Los guardé en un lugar profundo de mi corazón e ignoré los dolorosos recuerdos durante largo tiempo.

Tenía treinta y tantos años, estaba casada, tenía dos hijos y era una madre que se quedaba en casa, cuando empecé a reconocer el impacto que el abuso estaba teniendo en mi vida. Todos los años que pasé escondiéndome de mi pasado me habían impedido ocuparme de mis heridas emocionales y, ahora, todo mi mundo parecía estar cayéndose a pedazos. Fue entonces cuando Dios empezó a hablar a mi corazón por medio de su Palabra y a poner personas en mi camino que me alentaran a afrontar mi pasado e iniciar el viaje hacia la sanación.

Ahora tengo más de cuarenta años, y estoy celebrando veinte de casada con mi esposo Wes. En el momento tenemos tres hijos, un yerno y dos nietos. Dios ha restaurado mi relación con mi madre, ha sanado mi matrimonio y me ha acercado a mi padre biológico más de lo que habría creído posible.

Los recuerdos del abuso siguen ahí, pero se han ido desvaneciendo en el trasfondo de una vida muy feliz. Puedo afirmar con sinceridad que, por Jesucristo, mi vida es bendecida y mis heridas están curadas. El viaje no ha acabado para mí, pero mi corazón está lleno y, por fin, en paz. Este es el tipo de sanación que espero que descubras mientras hacemos juntos este viaje.

¿Estás preparado para el viaje?

Dondequiera que te encuentres en el camino, tienes que saber que la sanación del abuso sexual en la infancia es un proceso tedioso y doloroso. Las soluciones fáciles son raras, pero como declaró Jesús: "para Dios no hay nada imposible" (Lucas 1:37, NVI). Sin embargo, este viaje suele ser largo y está lleno de cimas y valles. Mantenerse en la senda de la libertad requiere gran valor y perseverancia. Hay que ocuparse de los recuerdos dolorosos y resolver los sentimientos pendientes. Puede resultar incómodo y complicado.

Aunque la idea de sacar a la luz un pasado negativo resulta incómoda, con frecuencia es necesario mirar atrás para hallar la libertad de seguir adelante. Quizás no confíes en tus recuerdos sobre el abuso. Tal vez te han dicho que no pienses obsesivamente en el pasado y has guardado silencio porque no quieres alterar ciertas relaciones. Lo entiendo y he pasado por ello.

Querido(a) amigo(a), ocuparse del pasado no quiere decir obsesionarse con el mismo, simplemente forma parte del proceso de solución del problema. Al final, para curar las heridas del abuso tenemos que tratarlas. Este proceso, hasta cierto punto, exige que examinemos los hechos pasados de nuestras historias con el fin de procesar los recuerdos y así lidiar con los efectos que estos hechos produjeron.

¿Has sufrido alguna vez un mal corte en la piel? Si es así lo más probable es que se produjera una fea costra. Es la versión que el cuerpo humano tiene de las "curitas". Cubren la herida y la protegen de los elementos externos. Sin embargo, si ese corte no se hubiera tratado al principio de la forma adecuada, hubiésemos corrido el riesgo de una infección.

Estoy segura de que has visto alguna vez una herida infectada. Es repugnante, ¿verdad? Donde una vez hubo un corte, luego hay una una costra que supura. Para curar la herida del modo apropiado es necesario prepararla como es debido. Eso implica eliminar la fea costra para exponer la fuente de la infección. Puede ser un proceso doloroso.

Las heridas emocionales son como profundos cortes en nuestra alma. Tienen que ser tratadas del modo adecuado para poder sanar. Si no nos ocupamos de ellas, se enconarán y empeorarán. Esto ha sido así en mi propia vida. Mis heridas desatendidas se infectaron y se convirtieron en graves problemas que, finalmente, me llevaron a enfrentar mi pasado.

Imagino que en estos momentos tus heridas tampoco tienen buen aspecto. Lo más probable es que sean la razón por la cual has escogido este libro. En un momento u otro tendrás que atender esas heridas, y por ello necesitas comprometerte con la obra de curación. Este compromiso es el primer paso básico en tu viaje de sanación. Es el fundamento de todos los demás, aunque puede ser el más difícil de dar.

Jesús entiende nuestros temores. Sabe que, para muchos de nosotros, incluida yo, puede parecer más fácil hacer frente a una herida infectada que soportar más dolor. ¿Y si no funciona? ¿Y si pasamos por todo ese aprieto y no nos sentimos mejor que al principio? Todo el proceso puede hacer que nos sintamos inseguros, como si tanteáramos en la oscuridad.

Mateo 20:29-34 narra la historia de dos ciegos que suplicaron curación. El relato describe a la perfección la posición en la que yo me encontraba cuando empezó mi viaje, tal vez la misma donde tú te encuentras ahora.

Jesús y sus discípulos abandonaban Jericó tras un largo periodo de ministerio, y se dirigían a la siguiente ciudad. Por el camino se encontraron con dos ciegos que mendigaban al borde del camino. Cuando oyeron que Jesús pasaba por allí, gritaron: "¡Señor, Hijo de David, ten misericordia de nosotros!" (NBLH). La gente de la multitud los mandó callar, pero ellos volvieron a clamar: "¡Señor, Hijo de David, ten misericordia de nosotros!".

Y aquí es donde se pone la cosa interesante. Mateo escribió que Jesús no respondió de inmediato a la petición de los ciegos. En su lugar, se volvió y les formuló una pregunta, una que exigía un compromiso por parte de ellos: "¿Qué quieren que Yo haga por ustedes?".

Los dos ciegos respondieron: "¡Señor, *deseamos* que nuestros ojos sean abiertos!".

La Biblia prosigue, diciendo: "Entonces Jesús, movido a compasión, tocó los ojos de ellos, y al instante recobraron la vista, y [lo] siguieron".

Consideremos este pasaje de cerca. Aquí están estos dos hombres mendigando junto al camino, quién sabe durante cuánto tiempo. Entonces oyeron hablar de ese hombre, Jesús el Mesías, quien iba de aquí para allá sanando a los enfermos y expulsando demonios. Imagino que, tras días de estar sentados junto al polvoriento camino —en la oscuridad y cohibidos por sus circunstancias— los dos ciegos estaban desesperados y era obvio que necesitaban sanación. Sin embargo, Jesús les pregunta: *¿Qué quieren que Yo haga por ustedes?*

¿Acaso no era obvio?

Jesús sabía que estaban ciegos. Él ya tenía un plan en su mente, *y a pesar* de ello les hace la pregunta. ¿Por qué? Quería que consideraran el peso de lo que estaban pidiendo. ¿Estaban listos y preparados para vivir en la luz? ¿Entendían que la vista cambiaría su perspectiva y hasta su estilo de vida diario? Habían vivido en tinieblas durante quién sabe cuánto tiempo (la Biblia no lo indica), y ahora tendrían que aprender a caminar en la luz.

¿Estaban preparados para ello?

¿Estás *tú* preparado?

Tras vivir con nuestras heridas del abuso durante tanto tiempo, puede resultar fácil vivir soportando el dolor, conformándose con la mera supervivencia en lugar de aprender a progresar. La noción de vivir libre del pasado puede resultar tentadora, pero también puede parecer aterradora. La verdad es que se navega mejor a través de la familiaridad del quebranto que por el terreno desconocido de la integridad. Por esta razón, podemos intentar sabotear el potencial de felicidad, pues tememos cómo podría ser. He visto este proceso en mi propia vida y en la de otros sobrevivientes que conozco.

La esencia de la pregunta que Jesús les formuló a estos dos hombres es la misma que se aplica a nosotros hoy. Es mi pregunta para ti, querido(a) amigo(a). ¿Estás preparado para liberarte del dolor del pasado y aventurarte en la hermosa vida que Dios tiene para ti? Incluso más aún, ¿estás dispuesto a hacer tu parte en el viaje hacia la sanación?

Cuanto más llego a conocer a Cristo, más percibo que Él intervendrá en algunos momentos para rescatarnos, pero que elige con mayor frecuencia conducirnos para que salgamos del hoyo en el que nos encontramos. Él estaba guiando a estos dos ciegos para que tomaran la decisión de una mejor forma de vida. Sé que Él desea lo mismo de ti.

Me doy cuenta de que la sanación emocional es más complicada que la recuperación milagrosa de la vista. Aunque algunas víctimas pueden experimentar la liberación milagrosa de las heridas del abuso sexual, la mayoría descubrirá que la recuperación es un proceso, un viaje. El abuso sexual deja un alma herida que solo Dios puede sanar. Requiere tiempo y compromiso con el viaje, y debemos estar dispuestos a dar ciertos pasos básicos.

Solo Dios puede sanar el alma herida

Durante años no entendí que mi conducta, mis emociones y mi autoestima estaban dramáticamente influenciadas por el abuso que sufrí de niña. Lo único que sabía era que sufría por dentro, en los lugares más profundos de mi corazón. Por fuera, mi vida parecía ir bien, pero en mi interior no era más que un fracaso.

Como muchos sobrevivientes, estaba decidida a ignorar el pasado y centrarme en el presente. Me mantuve ocupada con la vida, y ese ajetreo pareció ayudarme a sobrevivir aunque me impidió tratar mi quebranto.

En cuanto sentía que los recuerdos dolorosos brotaban hacia la superficie, me calmaba permitiéndome ciertas actividades. Era como recompensarme por haber soportado las heridas que me habían sido infligidas en mi infancia. Recurrí a la comida, a las compras y a mantenerme ocupada *todo* el tiempo. Estos vicios me ayudaban a mantener el dolor a raya ¡y evadir, evadir, evadir!

¿Te suena familiar algo de esto?

La comida era una fuente extraordinaria de consuelo. Durante años consideré hasta el más mínimo carbohidrato como a un íntimo amigo. Pan, papas fritas, dulces, refrescos y pasta con mucho queso.

Comprar era otra fuente de consuelo. Cuando me sentía mal conmigo misma, me iba de compras. Cuando me sentía sola, me acercaba al centro comercial. Cuando experimentaba conflicto o estrés en mi matrimonio, los grandes almacenes locales se convertían en mi segunda casa. Las compras eran mi válvula de escape de la realidad, aunque solo fuera por unas pocas horas. Con una taza de café en la mano y mi cartera en la otra, podía meterme en mi propio pequeño mundo. Tristemente, mis evasiones nunca resolvieron nada: mis problemas seguían estando allí.

Abusaba de la comida y evitaba temporalmente mis problemas, a través de la distracción de la terapia de las compras. Por si esto no fuera suficiente, me mantenía ocupada con todo tipo de actividades. Era la reina de la superación. La perfección era mi meta. Si había necesidad de voluntarios en la iglesia, allí estaba yo. Formaba parte de todos los comités con los que podía comprometerme y esto casi me dejó agotada. Llegué a estar demasiado estresada y era insoportable tenerme cerca.

Sin embargo, nada de lo que hacía marcaba una diferencia en mis sentimientos con respecto a mí misma. De hecho, mis intentos por calmarme agravaban a menudo mis problemas. La mayor parte del tiempo estaba indignada conmigo misma, y esto conducía a la depresión y la angustia. Era evidente que no estaba en la senda que lleva a la sanación, y dolorosamente adquirí conciencia de que no podría alcanzar la curación por mí misma. Estaba lista para el cambio.

El dolor del abuso puede tallar un profundo agujero en nuestros corazones. Las mentiras que creemos y los daños que sentimos no hacen más que profundizar nuestras heridas con el tiempo. Finalmente, empezamos a hacer elecciones de vida guiadas por nuestro dolor, y esto puede conducir a más heridas. Yo lo llamo "auto-maltrato".

Maltratarse a uno mismo implica vicios como beber demasiado, abusar de las drogas, comer y gastar en exceso o aislarse de los demás. Podríamos, por ejemplo, escoger recompensarnos por llegar al final de otro día comiendo nuestra "comida de consuelo" favorita. Podríamos correr a un centro comercial local y agarrar unas cuantas cosas, solo por llenar la cesta con cosas que no necesitamos, porque podemos y porque nos hace sentir bien en el momento.

Los vicios solo proporcionan una breve fuente de consuelo. Como una "curita", enmascaran temporalmente el verdadero origen de nuestro dolor. Incluso, nuestras relaciones con los miembros de la familia pueden convertirse en un medio para evitar la necesidad de tratar nuestros problemas más profundos. Pero solo podemos escondernos de nuestro dolor durante un tiempo. Finalmente, las heridas no curadas de nuestro pasado nos causarán graves inconvenientes en el presente.

Considera cuántas personas luchan con la obesidad, el alcoholismo y las drogadicciones, o se cortan a sí mismas y otras cosas por el estilo. ¡Cuántas veces

El Señor está cerca de los
quebrantados de corazón, y salva
a los de espíritu abatido.
—Salmo 34:18, NVI

estas cuestiones son el resultado de problemas internos que no han sido tratados por completo! Puede por un momento parecer más fácil alargar la mano y tomar una rosquilla, agarrar una bebida o usar cocaína para adormecer el dolor interior, pero, a la larga, caer en ello solo lleva a más dificultades.

Me llevó tiempo entender que no iba a encontrar la sanación en la comida ni en los consuelos materiales que compraba. La curación solo se produciría cuando entregara por completo mis heridas a Dios.

En tu caso será lo mismo.

Haz un compromiso contigo mismo

Por extraño que te pueda parecer, a veces resulta más fácil permanecer arraigados en el foso de nuestros problemas que levantarnos, salir y caminar por la senda desconocida hacia la integridad. Seamos realistas. El agujero nos es familiar.

Cuando decidimos que es hora de ocuparnos del dolor de nuestro pasado puede parecer que estamos dando un paso enorme hacia lo desconocido. Yo sabía cómo era el paisaje del quebranto. Los mensajes negativos de mis heridas se convirtieron en mi mantra diario: *Nadie me quiere, no le importo a nadie y no valgo para nada.* Eran el filtro a través del cual yo me veía y fueron la razón por la que hice muchas malas elecciones. Tal vez te encuentres en la misma situación hoy y quieres cambiar.

Sanar del abuso sexual requerirá que tomes la iniciativa de actuar. Implica contraer un compromiso contigo mismo para hacer lo que sea necesario. Cuando te comprometes estás diciendo que saldrás de esto, que llegarás al final del proceso te sientas como te sientas. Este compromiso requerirá, en última instancia, un acto de rendición porque, solo cuando entregamos nuestras heridas a Dios, puede iniciarse la verdadera sanación.

No conozco tu historia, pero mi viaje personal me permite saber que la curación completa no se producirá sin dos cosas por tu parte: compromiso y rendición. Sin que estas estén funcionando constantemente durante el proceso, la integridad siempre estará fuera de tu alcance; como algo que otros parecen disfrutar, pero tú no. Los problemas que inundan ahora tu vida permanecerán y tus relaciones seguirán sufriendo. No pretendo asustarte… solo quiero prepararte.

Todo el daño que yo guardé en lo más profundo de mi corazón salió más tarde a la superficie, en mi primer matrimonio. Esas heridas volverían a surgir de nuevo cuando me volví a casar. Los mismos problemas contra los que había luchado durante el primero, estaban de nuevo allí; temor, inseguridad, necesidad de controlarlo todo, perfeccionismo, imágenes del pasado, circunstancias desencadenantes, ira fuera de lugar y expectativas irracionales respecto a los demás (los trataré todos más adelante en este libro).

Tal vez hayas experimentado patrones similares en tu propia vida. Quizás hayas luchado por conservar estrechas amistades, por mantener tu matrimonio unido o por sostener una relación saludable con los miembros de la familia. Tal vez estés afrontando situaciones que han surgido debido a emociones de tu pasado pendientes de resolver.

Querido(a) amigo(a), ¿qué quieres que haga Jesús por ti?

A la edad de quince años, Dios me ayudó a encontrar el valor de romper el silencio en torno al abuso y, por fin, le conté a mi madre lo que me había estado sucediendo durante años. Ya adulta, llegué a otro punto de decisión, y Dios me proporcionó la valentía de confiar en Él y de comprometerme con el proceso de sanación. Esta elección me llevó, finalmente, a la integridad y la libertad que experimento hoy.

Dios tiene el poder de sanar tu quebranto, eliminar el peso de la vergüenza y llevarte a una vida completamente nueva. Lo ha hecho por mí y sé que puede hacer lo mismo por ti. Aunque Dios podría escoger sanarte en un instante, lo más probable es que te exija que tengas un papel activo en tu recuperación.

¿Estás dispuesto a dar ese paso y comprometerte con el trabajo que tienes por delante?

Sigue adelante

Leer este libro es el punto de partida para tu viaje hacia la sanación, pero no es la cura. La verdad es que no tenemos el poder de remendar nuestro quebranto. Solo Dios puede sanar la herida del alma, y la curación se produce cuando depositamos nuestra esperanza en Cristo.

No te mentiré. Si escoges afrontar el pasado y ocuparte de él, habrá momentos, incluso días, en que te preguntarás *¿Por qué estoy haciendo esto?* En ocasiones querrás ocultarlo todo e intentar olvidar. Hasta dudarás si el emprender este viaje marcará alguna diferencia.

Puedo asegurarte que la sanación tomará tiempo, y que habrá momentos en los que sientas que estás empeorando en lugar de mejorar. Es posible que experimentes reveses y te sientas abrumado por las distintas emociones que afloran.

Los capítulos que siguen presentan ciertos pasos clave e importantes verdades básicas para el proceso de curación. Los he recogido de las verdades bíblicas y de la experiencia personal. Aunque cada paso es el fundamento del siguiente, algunos tomarán más tiempo que otros. Concédete el tiempo necesario para comprender cada capítulo.

Al final de los nueve primeros capítulos encontrarás una sección llamada "Lo esencial para el viaje" diseñada para ayudarte a asimilar los conceptos presentados en el capítulo y tomar los pasos adecuados. Es importante para tu curación hacer los ejercicios en esta sección antes de seguir adelante.

Te animo, asimismo, a escribir en un diario personal mientras lees este libro. En el capítulo próximo te explicaré por qué esto es importante y en adelante lo llamaremos tu "diario de la verdad". Será el medio de documentar tu viaje y los descubrimientos que hagas por el camino. Espero que al final de este estudio, sea un testimonio escrito de la obra redentora de Dios en tu vida.

Finalmente, si tienes tu propia copia de la Biblia, te insto a leerla a diario, empezando por los versículos que proporciono en cada capítulo, así como en la sección "Lo esencial para el viaje". Si no dispones de un ejemplar, puedes usar los pasajes bíblicos proporcionados en este libro, como una manera de estar conectado con la Palabra de Dios.

He facilitado cinco lecturas en cada una de las secciones "Lo esencial para el viaje", para que puedas leer una cada día de la semana. Permítele a Dios renovar tu mente y transformar tu corazón a través del poder de su Palabra. Él te conducirá a la sanación como solo Él puede hacerlo.

Querido(a) amigo(a), quiero que sepas que el camino que estás a punto de emprender afectará positivamente tu vida y también la de aquellos a los que amas. Creo que Dios te va a liberar y sanará tu vida, para que puedas llegar a ser todo lo que el diseñó que fueras cuando te creó.

Me siento muy agradecida de ser una pequeña parte de tu viaje. Aunque tal vez no nos conozcamos nunca en persona, oro por ti para que avances en tu viaje a la sanación y estoy muy entusiasmada por todo lo que Dios tiene guardado para ti más adelante.

Todo lo puedo en Cristo que me fortalece.
—FILIPENSES 4:13 (NBLH)

PUEDES HACERLO con la ayuda de Dios. Puedes sanar del abuso sexual. Es hora de ponerte un calzado más cómodo, levantarte y empezar a avanzar. Para ayudarte en tu camino, quiero que leas y completes las secciones abajo. Por tentador que te pueda resultar, trata de no pasar al siguiente capítulo hasta que aproveches esta oportunidad de comprender y crecer.

Escribe o dibuja lo que quieres que Jesús haga por ti.

Ora. Amado Jesús, gracias por traerme a este punto de decisión. Te entrego ahora mis heridas y te pido tu ayuda al embarcarme en este viaje hacia la sanación. Te ruego que me des el valor y la fuerza que necesito para seguir esta senda, y dirígeme en cada paso que tengo que dar. Gracias de antemano por todo lo que harás en mi corazón a través de este viaje. En tu nombre, amén.

Lee. "Él sana a los de corazón quebrantado y les venda las heridas" (Salmo 147:3, NTV); "Me ha enviado para consolar a los de corazón quebrantado y a proclamar que los cautivos serán liberados…" (Isaías 61:1b, NTV). Lee además: Job 5:11; Salmo 109:105; Isaías 41:10. (Ver página 145).

Al leer los versículos de esta página, o de este capítulo, ¿cuáles te impresionan más y por qué?

____

____

Documenta tu viaje. La sanación completa procede de Dios por medio del poder de su Espíritu Santo. Si tienes acceso a una Biblia, te animo a leerla cada día. Aparta unos cuantos minutos a diario para leer la Biblia y hablar con Dios sobre las cosas que estás sintiendo, enfrentando y superando. Te aliento a que anotes tus pensamientos y oraciones en tu diario, así como cualquier descubrimiento que puedas hacer a lo largo del camino. Si eres menor, tal vez sería aconsejable dibujar lo que sientes y lo que estás aprendiendo a medida que avanzas por este libro. En cualquier caso, te reto a convertir este ejercicio en parte de tu rutina diaria. Te asombrará el profundo impacto que tendrá sobre tu perspectiva general, tu confianza en ti mismo y tu valor conforme prosigas con tu viaje.

Desarrolla un corazón agradecido. Tómate un momento para escribir o dibujar en tu diario aquello por lo que estás agradecido. Incluso en las peores circunstancias, hay algo por lo que dar las gracias: otro día de vida, amigos, comida, abrigo, la luz del sol y el aire que respiramos… e incluso por este estudio. Desarrollar una actitud de gratitud puede cambiar tu vida de manera radical.

Capítulo dos

PASO 2: Afronta la verdad

[Y] conocerán la verdad, y la verdad los hará libres.
—JUAN 8:32 (NBLH)

El punto de partida de tu viaje es tomar la decisión consciente de comprometerte con la tarea de sanación del abuso sexual. Una vez que lo hagas, el paso siguiente es afrontar la verdad sobre tu historia de abuso, reconociéndola e identificando los efectos que ha tenido en tu vida.

Si bien es un paso crítico en tu recuperación, será uno de los más desafiantes. Todos los sobrevivientes que conozco han luchado con ello hasta cierto punto. Por esta razón, te aliento a que te resistas al impulso de minimizar tu historia de algún modo, y que te permitas la oportunidad de comprometerte plenamente en este proceso.

Un buen comienzo para este paso básico es entender algunos hechos sobre el abuso sexual. Estas verdades que comparto más abajo me liberaron de ciertas mentiras que había creído y cambiaron mi perspectiva sobre el abuso de un modo profundo. Mi oración es que tengan un efecto similar sobre ti conforme avanzas en tu viaje.

¿Cuál es la verdad sobre el abuso sexual?

Pasé años de mi vida adulta minimizando mi propia historia de abuso, en parte porque no fui consciente de que lo que me había ocurrido se considera un crimen. Yo no tenía ni idea de que tantos niños estuvieran sometidos al abuso. Descubrir esas verdades me ayudó a entender que mi historia no era algo fuera de lo común y que lo que mi padrastro me había hecho, en realidad estaba mal, no solo a mis ojos sino también a los ojos de la ley.

Jesús tenía razón cuando les dijo a sus discípulos "y conocerán la verdad, y la verdad los hará libres" (Juan 8:32, NBLH). Estas palabras se refieren a la verdad del mensaje del evangelio; no obstante, son ciertas en cualquier otra situación en la que se exija la verdad. Es posible que esta no siempre nos guste, pero siempre nos liberará de las mentiras que hayamos creído.

En el transcurso de mi propio proceso de recuperación, he llegado a comprender que existen ciertas verdades fundamentales que todo sobreviviente debería saber respecto al abuso sexual. Quiero compartirlas aquí para ayudarte en tu viaje hacia la sanación. Espero que estas verdades te proporcionen una lente a través de la cual puedas identificar mejor y procesar los hechos individuales de tu propia historia, para que puedas empezar a ponerlo todo en la perspectiva adecuada.

Verdad #1: No estás solo

El abuso sexual en la infancia tiene gran impacto en la sociedad. Las víctimas están paralizadas por la vergüenza y aprisionadas por los secretos que se sienten obligadas a guardar. Muchos sobrevivientes acaban entrando en un ciclo vicioso de abuso u otra actividad criminal, a medida que crecen y llegan a la edad adulta. Este ciclo se va transmitiendo de generación en generación, dejando incluso más víctimas a su paso.

El caso es que no estás solo. Muchos de nosotros intentamos abrirnos camino por la senda de la recuperación.

Verdad #2: Cualquier forma de contacto sexual que no sea de mutuo acuerdo es abuso sexual

A menudo he descubierto que las víctimas del abuso sexual a una edad temprana, cuando recuerdan sus historias, tienden a pasar por alto algunas de las formas más sutiles y preparatorias del abuso. Esa parte de su recuerdo doloroso la consideran normal como si se tratara de situaciones cotidianas que otros niños deben haber experimentado también. La realidad es, sin embargo, que los abusadores suelen preparar a sus víctimas para el sexo mucho antes de cometer cualquier violación física.

El abuso sexual implica algo más que un acto físico; puede ser también mental y visual. Las formas preparatorias del abuso suelen producirse mucho antes del abuso físico real; cosas como las bromas obscenas, el lenguaje sugerente y la introducción al material pornográfico. Fue así en mi historia, e imagino que también lo sería para ti.

¿Qué es, pues, exactamente el abuso sexual?

El Dr. Dan Allender, autor de *Corazón herido,* es un psicólogo licenciado, especializado en la recuperación del abuso sexual. Descubrí su libro mientras trabajaba en mi propio viaje hacia la sanación, y su definición del abuso sexual me abrió los ojos a la realidad de lo que me había sucedido, de un modo totalmente nuevo. Él lo identifica así:

Abuso sexual es cualquier tipo de contacto sexual que no sea de mutuo acuerdo (para ser de mutuo acuerdo, tiene que haber un consentimiento capaz, informado y no forzado). Esta forma de ataque y abuso puede sucederles a hombres o mujeres de cualquier edad. El abuso sexual en la infancia es un contacto o una interacción (puede ser visual, verbal o psicológico) entre un niño o adolescente, y un adulto, cuando el primero está siendo usado para la estimulación sexual del agresor o de cualquier otra persona. El abuso sexual puede ser cometido por una persona de menos de dieciocho años, cuando esta sea significativamente mayor que la víctima o se encuentre en una posición de poder/control sobre el niño/adolescente.[1]

Identificar el alcance del abuso sexual puede ser un momento sanador en sí mismo. A la mayoría de nosotros nos dijeron que habíamos inventado nuestras historias, que exageramos las circunstancias, que malentendimos las situaciones o que les estábamos dando demasiada importancia. Nos regañaron por ser dramáticos o por tener una imaginación desbordada. A causa de esto, podemos dejarnos aprisionar con facilidad por las mentiras que creemos y adoptar una falsa perspectiva respecto al abuso. Descubrir la verdad de una fuente imparcial y fiable puede hacernos sentir aceptados y libres.

Cuando descubrí la definición del abuso sexual, las piezas de mi historia encajaron por primera vez. Otras situaciones de abuso salieron a la luz y pronto entendí que las insinuaciones de mi padrastro habían comenzado en realidad mucho antes de que me tocara físicamente de un modo inapropiado.

Quizás te estés dando cuenta ahora mismo de las cosas. Eso es bueno. Intenta no asustarte de tus recuerdos. Solo déjalos llegar. Es importante identificar la verdad de lo que sucedió para que puedas empezar a procesarlo todo y seguir adelante.

Te aliento a documentar tus descubrimientos a medida que se produzcan. Tómate un momento para apuntarlos en tu "diario de la verdad", junto con las respuestas a estas preguntas:

1. ¿De qué manera te ha ayudado definir el abuso sexual?
2. ¿Qué nuevas revelaciones han surgido respecto a las circunstancias previas al abuso o a los acontecimientos reales del abuso, que no consideraste antes?
3. Al aprender la definición del abuso sexual, ¿sientes que estás hoy en una situación que encajaría, de algún modo, en esta categoría? Si es así, ¿hay alguna manera de salir de esa situación o de protegerte de mayor daño? Si la hay, hazlo. Pero si no, pídele a Dios que te muestre lo que puedes hacer.

Cuando logré entender lo que es el abuso sexual, y que lo que mi padrastro me había hecho era un crimen, por fin fui capaz de iniciar el proceso de aceptar lo

Verdad #1: No estás solo.

ocurrido y dirigir la culpa donde realmente pertenecía. Esto me lleva a la tercera verdad fundamental que quiero compartir contigo.

Verdad #3: *No pudiste hacer nada contra tu agresor*

Ya sea que el abuso tuviera lugar cuando éramos pequeños o adolescentes, lo importante es reconocer que, en realidad, éramos criaturas inocentes. Asumir la responsabilidad por el abuso sufrido, en su totalidad o en parte, sugiere que de alguna manera estábamos en una posición de control. Sin embargo, no lo estábamos. Para sanar es necesario reconocer que estábamos indefensos contra nuestro agresor.

Lo que me ayudó a lograr una perspectiva más clara de esto fue un álbum de fotos que mi madre me regaló hace años. El álbum está lleno de fotografías de mi infancia, desde mi nacimiento hasta el final de mi adolescencia. Mirar aquellas fotos trajo a mi memoria un montón de recuerdos, buenos y malos.

Una serie particular captó mi atención, porque las fotos se tomaron justo antes de que empezara el abuso. Verlas me hizo reconocer que yo no era más que una niñita en aquella época. Hicieron que recordara lo asustada que estaba, y me proporcionaron una perspectiva más realista de lo que sucedió y de quien era el verdadero culpable.

Aún guardo una fotos de esas enmarcadas, como recuerdo continuo de mi inocencia y de la gracia redentora de Dios. También es muy importante que admitas y reconozcas tu inocencia, y que comprendas que fuiste víctima de un crimen terrible.

Para ayudarte en esto, te recomiendo de corazón que localices una foto tuya, si tienes alguna, tomada durante el tiempo en que comenzó el abuso. Si no la tienes, considera hacer un dibujo de ti mismo a la edad que empezó el abuso. Guárdala en tu "diario de la verdad" o en algún otro lugar donde sabes que la verás con frecuencia. Este sencillo ejercicio puede influir en gran manera en tu perspectiva, y te ayudará a reconocer y aceptar que no estabas en una posición de control sobre tu agresor.

Reconocer y aceptar que estabas indefenso contra tu agresor te ayudará a procesar cualquier sentimiento de culpa y vergüenza que podrías asociar con el abuso. Lo explico con mayor detalle en el capítulo siguiente y proporciono un ejercicio para ayudarte a trabajar esta verdad según se relacione con tu historia.

Por ahora, solo tienes que saber que el abuso no pudo ser, y no fue, culpa tuya. Esto me lleva a la cuarta verdad fundamental.

Verdad #4: *El abuso no fue culpa tuya*

Aunque puedas entender esto mentalmente —y sin duda otras personas ajenas a tu historia afirmarán que es verdad—, te puede resultar complicado aceptar y creer en realidad que el abuso no fue culpa tuya. Muchos de nosotros nos hacemos responsables de nuestras historias, en su totalidad o en parte. De hecho, a algunos de nosotros se nos dijo que la culpa era nuestra, por diversas razones, y hemos llevado el peso de esa mentira durante años.

Esa fue mi experiencia.

Durante mucho tiempo después de que el abuso acabara, yo me culpé por lo que mi padrastro me hizo. Basé mi culpa en las palabras que mi madre me dirigió cuando por fin tuve el valor de contarle lo que estaba ocurriendo. Ahora me doy cuenta de que sus palabras no pretendían hacerme daño, pero plantaron una mentira en lo profundo de mi alma, que me dejó paralizada de culpa y vergüenza durante muchos años. Esa mentira se pudrió con el tiempo, y desarrollé una honda sensación de que yo no valía para nada.

Fue necesario el amor incondicional de Jesucristo para cambiar mi perspectiva y ayudarme a ver la verdad respecto al abuso. Él usó a las personas, las circunstancias, el tiempo y la verdad de su Palabra para ayudarme a aceptar que de ninguna manera podía ser yo responsable de los actos de mi padrastro. Fue decisión de mi padrastro violar mi confianza y robar mi inocencia, y he llegado a aceptar la verdad de que yo no era culpable de ninguna manera.

Aunque nuestras circunstancias puedan ser diferentes, esta misma verdad se aplica a ti. El abuso que tuvo lugar en tu historia no fue, y no es, culpa tuya. La sanación llega cuando aceptas esa verdad y la crees en tu corazón.

Comprendo que, de alguna manera, puedas sentirte responsable por lo ocurrido. Tal vez creas que hiciste algo que lo provocó o que podrías haber hecho algo para evitarlo. Quizás te culpes por no habérselo contado a nadie antes o por escoger no decírselo a nadie. Yendo un paso más allá, tal vez sentiste placer físico en respuesta al abuso y, por esta razón, te has sentenciado a una vida de culpa y vergüenza.

Si te culpas de alguna manera, quiero que vuelvas y consideres la definición del abuso sexual que hemos presentado anteriormente en este capítulo. No hay ninguna estipulación que diga que no eres inocente porque respondiste al abuso de un modo particular o porque no hablaste de ello a nadie en un plazo limitado de tiempo.

Ya sea que abusaran de ti en la infancia o siendo ya adulto, de ningún modo podría ser culpa tuya. No habrías podido hacer nada para justificar, invitar, prevenir o detener el abuso. Fue una decisión tomada por tu(s) agresor(es), y solo él o ella son responsables de ello.

Tenemos un enemigo al que le encanta manipular nuestros recuerdos y convertir la verdad en mentira. Su nombre es Satanás, y él es el padre de las mentiras. Una de las mayores mentiras que les dice a las víctimas de violencia sexual es que, de alguna manera, es culpa de ellas. Él realmente desea que creamos esa mentira aunque solo un poquito, porque cuando lo hacemos, quedamos paralizados por los sentimientos de culpa y vergüenza.

Por eso es tan crítico para tu curación que aceptes que no tienes ninguna culpa. Puede ser que necesites algún tiempo para digerir y procesar esta verdad antes de que penetre en tu alma. Eso es perfectamente normal. Lo importante es que llegues a un punto en el que sepas en tu corazón que no tienes la culpa del abuso.

En las secciones que siguen tendrás oportunidades de recordar y reflexionar sobre tu historia de abuso. Es un ejercicio crítico. Te reto a aprovechar estas oportunidades e invitar a Dios a ayudarte a procesar los descubrimientos que hagas.

¿Cuál es tu historia de abuso?

Como víctimas de violencia sexual, sentimos la firme tentación de negar partes de nuestras historias y minimizamos ciertos sucesos para poder sobrevivir. Esta negación se define de distintas maneras, pero su esencia implica remodelar las realidades para que sean lo que nosotros *queremos* para que encajen en nuestras necesidades del momento. Para que haya sanación, necesitamos llegar a reconocer los acontecimientos del abuso y aceptarlos por lo que son.

He descubierto que un enfoque eficaz para reconocer y aceptar las dolorosas realidades del pasado es iniciar el proceso escribiéndolas. En mi viaje hacia la sanación, esto ha sido una herramienta muy útil, y confío en que también lo sea para ti. Por eso, te recomiendo que escribas tu historia completa del abuso en tu "diario de la verdad", tal como tú la recuerdas.

Llevar un diario puede resultar un poco difícil al principio, sobre todo si no eres alguien que escribe mucho. No te dejes intimidar por ello. Sin embargo, si alguna vez has escrito un diario, te será muy fácil.

El beneficio de hacerlo es que proporciona un espacio donde reunir los hechos, procesarlos y verlos como son. Escribir tu historia de abuso te ayudará a reunir todas sus piezas en un lugar seguro —fuera de tu cabeza—, donde podrás procesar y liberar las dolorosas emociones implicadas.

Al leer este libro, tendrás muchas oportunidades de tratar tus pensamientos y descubrimientos en tu "diario de la verdad". Aprenderás mucho sobre tu valor y tu valía, sobre tu *verdadera* identidad, y sobre el amor incondicional de Dios por ti; y te sentirás estimulada para documentar cada descubrimiento que hagas a lo largo del camino. Para cuando hayamos acabado, espero que tu "diario de la verdad" se convierta en un hermoso testimonio para ti del amor redentor de Dios obrando en tu vida.

De momento, empezaremos con tu relato del abuso: qué ocurrió y quién estuvo implicado. Tómate tu tiempo para anotar los hechos de tu historia tal como los recuerdas. Comprendo que quizás no lo recuerdes todo, o que incluso no te fíes de tus recuerdos en este preciso momento. Está bien, además, sinceramente es muy normal. Empieza con lo que sí sabes que es verdad.

No te preocupes por la gramática, por la ortografía ni por colocar los sucesos en un orden concreto. Siempre puedes volver más tarde y corregir cualquier problema de escritura, si es necesario. Ten en mente que es tu diario personal. Nadie más va a leer lo que tú has escrito, a menos que tú así lo decidas.

Aquí tienes unas preguntas que te ayudarán a pensar en tu historia y en los hechos relacionados. No es una lista exhaustiva, pero debería ayudarte a iniciar el proceso de recordar.

1. ¿Qué edad tenías cuando se inició el abuso?
2. ¿Quién estuvo implicado?
3. ¿Qué ocurrió?
4. ¿Sucedió solo una vez o se repitió en el tiempo?

Este ejercicio fue muy útil para mí en mi propio viaje de curación. Estoy segura de que tendrá un efecto profundo en el tuyo, pero no será fácil. Si nunca has intentado escribir tu historia de principio a fin, al principio podrías sentirte abrumado. Aunque parece bastante fácil, puede ser uno de los ejercicios más difíciles que hagamos juntos.

Cuando rememores el abuso, y recuerdes las circunstancias y a las personas implicadas, no te sorprendas por la avalancha de emociones diversas que aparecerán. Llora el tiempo necesario por lo que te arrebataron, lo que se rompió y se perdió. Al hacerlo, considera estas verdades: el abuso fue un crimen terrible contra ti, pero no define tu identidad. Tal vez moldee cómo te sientes respecto a ti mismo, pero no afecta los sentimientos de Dios hacia ti. Él te ama incondicionalmente.

Reconocer el abuso no significa que te estés condenando a ti mismo o a otra persona, o que vas a dejar a tu(s) agresor(es) salirse con la suya. Sencillamente significa que aceptas el abuso como un acontecimiento verdadero que tuvo lugar en tu vida.

Quizás te aterre la idea de enfrentarte al pasado. Sin embargo, no tienes por qué temer a los recuerdos dolorosos cuando estás en la presencia de Dios. Él te dice: "No temas, porque Yo estoy contigo; no te desalientes, porque Yo soy tu Dios. Te fortaleceré, ciertamente te ayudaré, sí, te sostendré con la diestra de Mi justicia" (Isaías 41:10, NBLH). Aunque Dios le dijo estas palabras a Israel, como creyentes podemos aplicar esta verdad a nuestra propia vida. Su poder se perfecciona en nuestra debilidad (2 Corintios 12:9). Por eso, te animo a que ores y le pidas a Dios que te ayude a dar este paso. Él sabe lo que necesitas procesar para poder sanar, y te dará su fuerza y su paz para llevarlo a cabo.

Esta etapa de tu viaje puede tomarte más tiempo que las demás. Yo tardé años en reconocer y aceptar mi historia de abuso y en resolver los sentimientos de traición. Llevar un diario fue una poderosa herramienta que Dios usó para ayudarme a hacerlo. Pero, básicamente, necesité aceptar el amor de Jesucristo y confiar en Él, y permitirle cambiar mi corazón, antes de poder procesar mi pasado y empezar a sanar.

Mi oración por ti es que, a través de este ejercicio, puedas conocer a Cristo de un modo más profundo y descubrir la libertad que viene de afrontar el pasado y tomar el tiempo necesario para reconocerlo y tratarlo, con la ayuda de Dios. Jesús indicó: "Así que, si el Hijo los hace libres, ustedes serán realmente libres" (Juan 8:36, NBLH). Jesús me liberó, no solo de mis propios pecados, sino también del dolor que me infligieron los actos pecaminosos de otros y las mentiras que se incrustaron en mi alma como resultado.

Querido(a) amigo(a), *esa* es la clase de libertad que espero para ti, cuando des este paso fundamental para tu recuperación.

Identifica los efectos del abuso

Una vez que te has tomado el tiempo de documentar tu historia y reconocerla tal como es, el siguiente paso consiste en identificar los efectos del abuso en tu vida. Al empezar a reunir las piezas de tu historia, piensa en esto: ¿Qué otras situaciones surgieron por culpa del abuso? ¿De qué manera el abuso te afectó mental, emocional e incluso relacionalmente? ¿Qué efectos adversos ves en tu vida hoy?

El abuso sexual deja una herida repugnante en el alma. Aunque no define quiénes somos, puede influir en nuestro sistema de creencias y moldear nuestras perspectivas. Cuando este abuso ocurre durante nuestros años de desarrollo, puede afectar profundamente nuestra percepción de nosotros mismos y de los demás.

Puede influir enormemente en nuestra forma de plantearnos la vida diaria. Existen varias capas de problemas sociales, emocionales y mentales.

Como mencioné antes, no es raro que nosotros, como sobrevivientes del abuso sexual, nos permitamos ciertas actividades en un esfuerzo por escapar al dolor que sentimos en nuestro interior. El uso de las drogas, comer en exceso, beber en extremo, la promiscuidad, el gasto compulsivo y las autolesiones (*cutting*) son solo algunas de las posibilidades. Entrar en este tipo de conducta destructiva suele llevar a la adicción a las drogas, la obesidad, problemas económicos, adicciones sexuales y depresión entre otras muchas cosas. Los centros de rehabilitación, los refugios para los desamparados, las instalaciones para la recuperación de adictos, los hospitales, los consultorios sociales y las prisiones, todos están llenos de hombres y mujeres que fueron abusados sexualmente en la infancia, y que ahora sufren los efectos de ese abuso de una manera profunda.

¿Concuerda algo de esto contigo?

En mi caso, el impacto del abuso no se desarrolló por completo hasta alcanzar ciertos hitos personales como el matrimonio y ser madre. Para otros sobrevivientes que conozco, lo que hizo aflorar sus problemas fue el divorcio, la muerte de un amigo cercano o de un miembro de la familia, o algún otro acontecimiento traumático de la vida. Todos tratamos nuestras historias de un modo distinto, y tal vez tú te encuentres en un punto de tu viaje en el que acabas de empezar a ver el impacto del abuso en tu vida.

Yo tenía treinta y tantos años cuando me di cuenta de que tenía que tratar algunos problemas profundos en mi vida. Ya mencioné con anterioridad mis tendencias a comer y comprar en exceso. Bueno, también tenía una necesidad insaciable de controlar mi entorno y a todos alrededor de mí. Todo tenía que estar perfecto: mis hijos, mi casa y mi matrimonio. Ya te imaginarás cómo salió todo. Mis ansias por controlarlo todo solo perpetuó la disfunción en mis relaciones con los demás.

También tenía un grave problema de mal humor. Era brusca con mi familia, impaciente con los demás, y con frecuencia arremetía contra mis hijos por cosas sin importancia. Reaccionaba con exageración en las discusiones con mi esposo y me lo tomaba como algo personal. Para las personas externas a mi familia, yo parecía muy competente, pero, en realidad, era un desastre.

Una mentora y buena amiga mía se dio cuenta de que yo estaba luchando y me ofreció ayuda. Aunque ella no había sufrido el abuso sexual en la infancia, entendió el dolor emocional y los desastrosos efectos que puede causar. Empezó a animarme a señalar mis problemas reales y a anotarlos. Fue entonces cuando empecé realmente a ver el abuso por lo que era: una experiencia traumática de la infancia de la que no me había recuperado por completo.

A través de su estímulo encontré el valor de empezar a escribir mi historia en mi diario. Comencé a anotarlo todo, a identificar los efectos mentales y emocionales del abuso, y a reconocer su impacto en mi vida diaria. A través de ese proceso, entendí que estaba luchando con profundos resentimientos, sentimientos de vergüenza e inutilidad, inseguridades irracionales y la necesidad de controlarlo *todo*. A medida que escribía, las cosas se iban aclarando. El proceso fue doloroso, pero sanador.

Imagino que esto mismo te ocurrirá a ti cuando escribas tu historia y empieces a identificar cómo ha afectado a tu vida. Tal vez hoy luches contra problemas de ira, porque cargas con resentimientos del pasado. Quizás hayas desarrollado una adicción a ciertas conductas destructivas como abusar del alcohol o las drogas. Es posible que lidies contra la depresión, profundas inseguridades, temores irracionales o sentimientos de desesperación. O tal vez seas como yo y sientas la necesidad de tener el control… de todo.

Todos estos son efectos adversos comunes para las víctimas del abuso sexual en la infancia. Sin embargo, esta lista no es exhaustiva, también hay otros efectos secundarios, entre los que se incluyen los desórdenes emocionales.

Uno de estos desórdenes es el trastorno por estrés postraumático (TEPT) que, por lo general, se suele encontrar, sobre todo, entre los veteranos de guerra. Pero también se da entre los sobrevivientes del abuso sexual. ¿Quién habría imaginado que el abuso o la agresión sexual se consideraba una experiencia traumática equiparable a la de un combate mortal? Desde luego yo no.

Según el Departamento de Asuntos de los Veteranos de Estados Unidos no es poco frecuente que una víctima de abuso sexual experimente TEPT.[2] En los Estados Unidos, el Instituto Nacional de Salud Mental (NIMH, por sus siglas en inglés) afirma que el TEPT puede resultar de una variedad de incidentes traumáticos, incluida la violación y el abuso infantil.[3] El NIMH prosigue indicando que, aunque cualquiera puede desarrollar un TEPT, se encuentra de forma más común entre las mujeres y puede producirse en diferentes etapas a lo largo del proceso de recuperación. No se hace evidente hasta semanas, meses o incluso años después del suceso.

Según el NIMH, los síntomas del TEPT incluyen (aunque no se limitan a) ver escenas del pasado, pesadillas, temores irracionales, estallidos de ira, carácter brusco, evasión de cualquier recuerdo del abuso, depresión, sentimientos de culpa y preocupación, y estar emocionalmente entumecido. La víctima del abuso puede tener algunos de estos síntomas, pero no desarrollar por completo un TEPT.

El Centro Nacional para el TEPT informa que, cuando una persona sufre de TEPT, también puede padecer depresión o ansiedad; sentimientos de desesperanza, vergüenza o desesperación; problemas con la bebida o las drogas; síntomas físicos o dolor crónico; problemas de trabajo o de relaciones.

¿Te suena alguna de estas cosas?

Tal vez pienses, *esto explica muchas cosas.*

Desde luego para mí sí lo hizo. Las piezas de mi rompecabezas emocional se unieron cuanto más aprendía sobre este trastorno. Aunque no creo haber desarrollado

Fe
Esperanza
Amor

del todo un TEPT, algunos de los síntomas definían aquello con lo que yo había estado luchando durante años.

Aprender más sobre el TEPT y los diversos efectos adversos del abuso sexual en la vida de la víctima me ayudó a ver de dónde procedían algunos de mis problemas emocionales, así como mis temores irracionales y mi carácter brusco. Saberlo me obligó a enfrentarme a aquellas luchas y a hacer algo al respecto. Mi enfoque fue presentárselo todo a Dios en oración y dejar que el poder de su Palabra hiciera su obra en mi corazón.

Ese sigue siendo mi acercamiento a cualquier lucha a la que me enfrento. Te animo a considerarlo. Al hacerlo, irás viendo con claridad qué tiene que suceder a continuación. Sabrás si necesitas buscar ayuda profesional, detener ciertas actividades o cortar ciertas relaciones, y Dios te dará el valor y la fuerza de seguir adelante.

A medida que empieces a reconocer el impacto que tu historia de abuso ha tenido en tu vida y, posiblemente, en la vida de otros que te son queridos, quiero animarte a entregárselo todo a Dios en oración. Nadie puede ayudarte mejor que el Dios que te creó. Él te conoce por dentro y por fuera, y entiende con exactitud aquello con lo que estás luchando. Si tú se lo pides, Él tiene el poder de corregir las cosas… a su manera y en su momento perfecto.

Sigue adelante

Quiero recalcar que reconocer tu historia y las circunstancias del abuso no significa que hayas hecho algo malo, que en cierto modo eres menos persona o que eres de alguna manera menos valiosa para Dios. Significa, sencillamente, decirle a tu propio corazón: *Esto me sucedió a mí; es real.*

Al dar este paso básico en tu viaje, te animo a tomarlo con calma. Date espacio para tratar con tus emociones y tu dolor. No es necesario hacerlo dentro de un cierto marco de tiempo para que sea un ejercicio eficaz en tu recuperación. Lo importante es atravesar las partes dolorosas para que puedas continuar con la tarea de sanación que tienes por delante.

Finalmente, querido(a) amigo(a), quiero alentarte a invitar a Dios a tu viaje hacia la sanación. Verdaderamente, no hay mayor fuente de esperanza y sanación que Dios mismo. Es mi oración que Él use este capítulo para liberarte de una manera que no creías posible y que te dé el valor de seguir adelante en el viaje que tienes por delante. Confío en que, con la ayuda de Dios, seas algo más que un sobreviviente del abuso. ¡Florecerás!

> [Y] conocerán la verdad, y la verdad los hará libres.
> —JUAN 8:32 (NBLH)

AFRONTAR LA REALIDAD DE tu historia y aceptarla como verdadera es un componente fundamental de tu recuperación. Al reconocer el abuso y sus efectos en tu vida habrás puesto las bases para el viaje que te espera. Te animo a reunir todas las piezas de tu historia de abuso y ponerlas a los pies de Jesús, para que pueda comenzar su obra redentora.

Ora. Amado Jesús, gracias por traerme hasta este punto de mi viaje hacia la sanación. Te ruego que me ayudes a abrir la mente y a desbloquear mis recuerdos para que pueda empezar a documentar mi historia de abuso y reconocerla tal como es. Mientras lo hago, te ruego que protejas mi mente de las mentiras del enemigo. Ayúdame a ver dónde el abuso me ha afectado profundamente, y muéstrame los pasos que necesito dar para sanar. En el nombre de Jesús, amén.

Lee. "Debido a que el SEÑOR Soberano me ayuda, no seré avergonzado" (Isaías 50:7a, NTV); "Pues él nos rescató del reino de la oscuridad... perdonó nuestros pecados" (Colosenses 1:13-14, NTV). Lee además: Salmo 43:1-3; Proverbios 3:5-6; Romanos 10:11. (Ver página 145).

Al leer los versículos de esta página, o de este capítulo, ¿cuáles te impresionan más y por qué?

____

____

Documenta tu viaje. Esta semana quiero que escribas tu historia en tu "diario de la verdad"... todo lo que puedas recordar. Usa cualquier fecha, nombres y lugares que te parezcan importantes. Identifica y documenta la forma en que el abuso ha afectado a tu vida. No te preocupes por la gramática ni la ortografía; solo pon tus pensamientos por escrito. Este ejercicio es clave para reconocer y tratar el abuso, y preparar tu historia para compartirla en el futuro con otros.

Desarrolla un corazón agradecido. Esta semana, haz una lista de diez de tus cosas favoritas en tu "diario de la verdad". Unos ejemplos podrían ser un objeto, una amistad o un trabajo. A continuación, tómate un momento y dale gracias a Dios por cada una. Todas las cosas buenas vienen de Dios: "Y sabemos que para los que aman a Dios, todas las cosas cooperan para bien, *esto es*, para los que son llamados conforme a *Su* propósito" (Romanos 8:28, NBLH). Incluso cuando parece que las situaciones no podrían empeorar más, siempre hay algo por lo que podemos estar agradecidos. Convierte en una costumbre buscar lo bueno en tu vida cotidiana, y recuerda que Dios es responsable de ello.

Capítulo tres

No más deshonra para ti

No temas, ya no vivirás avergonzada. No tengas temor,
no habrá más deshonra para ti. Ya no recordarás la
vergüenza de tu juventud ni las tristezas de tu viudez.
—Isaías 54:4 (NTV)

La he visto en el rostro de quienes han compartido sus historias conmigo. La he oído en sus voces. Fue la oscura nube que se cernió sobre mí durante años.

La vergüenza.

La vergüenza es una desagradable emoción que paraliza a su víctima y le impide vivir la vida que fue diseñada para ella, la vida que Dios ha planeado para cada uno de nosotros. El diccionario de la Real Academia Española define vergüenza como "turbación del ánimo ocasionada por la conciencia de alguna falta cometida, o por alguna acción deshonrosa y humillante".[1] Creo que esto resume bien el estado en el que nos encontramos como víctimas del abuso sexual.

Puesto que la vergüenza es una emoción tan poderosa en la vida de un sobreviviente, he dedicado todo este capítulo a tratarla de forma específica a fin de proporcionarte la oportunidad de superarla. Mi esperanza es que esta información te ayude a vencer esta emoción mientras realizas el viaje que tienes por delante.

Yo me sentía deshonrada y avergonzada no solo por el abuso que tuvo lugar en mi vida, sino también por las malas decisiones que tomé como resultado. Yo no parecía poder vencer aquel sentimiento por mí misma. La persistente pregunta en mi mente era *¿por qué no puedo ser normal?* Mi pregunta más profunda era *¿acaso soy inútil?*

Tal vez te hayas hecho las mismas preguntas. Quizás estés luchando para superar los sentimientos de vergüenza, a causa del abuso sexual que sufriste o por culpa de ciertas elecciones que hiciste como resultado. Es posible que aquellos sentimientos de culpa te impidan disfrutar de la vida y de entablar unas relaciones saludables.

Querido(a) amigo(a), los planes de Dios para nosotros no implican la deshonra. Él no desea que vivamos bajo una nube de vergüenza, a causa de los actos despreciables de otros. No se deleita en vernos sufrir bajo las consecuencias de nuestro propio pecado. ¡La verdad es que Dios se dedica a borrar nuestra deshonra!

¿De qué te avergüenzas realmente?

No desaparecerá por sí sola ni podrás ignorarla. La vergüenza es una mala hierba que puede arraigar en nuestros corazones y conducir a todo tipo de problemas, si se lo permitimos. Tomarse algún tiempo para identificar la verdadera fuente de culpa en tu historia te ayudará a vencerla.

Contesta esta pregunta: ¿Te avergüenzas de ti mismo? Si es así, ¿puedes explicar por qué? ¿Hay en tu respuesta indicios de culpabilidad relacionada con el abuso que tuvo lugar en tu vida? ¿Se debe a algunas decisiones que tomaste durante los acontecimientos del abuso o después, o es *porque* abusaron sexualmente de ti?

Existen varias respuestas posibles, porque hay múltiples variables involucradas.

Tal vez te has considerado en parte responsable, por haber guardado silencio. Quizás se lo contaste a alguien, pero sientes que deberías haber hablado de ello antes. Es posible que alguien te dijera que fue culpa tuya o que tú mismo lo buscaras de alguna manera. También puede ser que sintieras placer durante el abuso y que, por esa razón, te sientas avergonzado.

Cuando aceptamos la culpa por todo o parte del abuso, asumimos la deshonra que conlleva. Yo me estuve culpando durante años por lo que me sucedió, porque esto me hizo más fácil aceptar lo que había sucedido. En mi mente, todo tenía sentido: puesto que lo callé durante tanto tiempo, seguro que fui cómplice. Debería habérselo contado a alguien antes; ¿por qué guardé silencio y aguanté? Estos pensamientos atormentaron mi alma durante mucho tiempo e intensificaron mis sentimientos de vergüenza.

Quizás te identifiques con esto.

Cualquiera que sea la fuente, si lo permitimos, nuestros sentimientos de culpa y vergüenza pueden sentenciarnos a una vida inferior al potencial que Dios nos ha dado. Mi oración por ti es que te tomes el tiempo para localizar la raíz de estas emociones en tu propia vida, preguntándote a ti mismo de qué te avergüenzas realmente y por qué. Te animo a que escribas tus respuestas en tu "diario de la verdad" y que las analices contrastándolas con las verdades que comparto en las secciones siguientes.

Dios no te lo tiene en cuenta

Los planes de Dios para nosotros son mayores que nuestros propios planes para nosotros. Los planes de Dios para su pueblo son buenos (Jeremías 29:11). Sin embargo, nunca llevaremos a cabo esos planes realmente si seguimos viviendo bajo una nube de vergüenza.

La vergüenza nos dice que somos culpables, que no merecemos ser perdonados

y que no valemos nada. Nos despoja de la confianza en nosotros mismos, y esto afecta, directamente, nuestra capacidad de establecer amistades o perseguir nuestros sueños. Los sentimientos de vergüenza también pueden hacer que escondamos nuestros talentos y dones naturales, o impedirnos creer que tenemos alguno. La vergüenza puede provocar que evitemos las relaciones cercanas, por temor a que alguien descubra que abusaron sexualmente de nosotros y nos rechace. Esto puede incluir nuestra relación con Dios.

Los sentimientos de culpa y vergüenza pueden hacernos sentir inseguros. Puede resultarnos difícil confiar en nuestro propio juicio. Lo peor de todo es que tendemos a conformarnos con menos de lo que Dios tiene diseñado para nosotros, porque no reconocemos nuestro propio valor.

Vivir bajo el peso de la vergüenza puede provocar todo tipo de problemas relacionales, espirituales y emocionales, pero Dios no nos tiene en cuenta el abuso que sufrimos. Él no desea que vivamos bajo una nube de culpa y vergüenza, sino que nos veamos como Él nos ve: almas hermosas creadas a su imagen (Génesis 1:27).

Dios no te culpa por lo que sucedió; entonces, ¿por qué lo haces tú?

Con anterioridad se te pidió que identificaras si te culpas de algún modo por el abuso, y por qué. Ahora, aférrate a esos pensamientos y hazte esta pregunta: si pudieras volver atrás y cambiar una cosa que sí controlabas, ¿cuál sería?

Tómate un momento para anotar tu respuesta, ya sea aquí o en tu "diario de la verdad". Es importante que escribas solo las cosas que tú *realmente* controlabas (si es que había alguna):

____

____

____

____

Si eres sincero contigo mismo, te será difícil responder la pregunta. La razón es que no pudiste hacer nada para evitar lo que sucedió, porque otra persona tenía el control. No fue, y no es, culpa tuya.

La violencia sexual provoca profundas heridas espirituales que dejan cicatrices duraderas. La vergüenza es lo más dañino de todo. Hemos sido deshonrados de tal manera que, si no tenemos cuidado, nuestros sentimientos de vergüenza pueden apartarnos de la vida que Dios diseñó para nosotros.

Hay algo que necesitas saber sobre la verdadera fuente de la vergüenza y la deshonra. Son armas que el enemigo de nuestras almas utiliza contra nosotros. El pecado las fortalece y solo la verdad y el poder de la Palabra de Dios las puede vencer. Nada le gustaría más a nuestro adversario que ver a cada uno de nosotros aplastado por el peso de nuestra deshonra y acobardado bajo los sentimientos de culpa y vergüenza.

Me encanta lo que Dios les dice a sus hijos en el libro de Isaías: "No temas, ya no vivirás avergonzada. No tengas temor, no habrá más deshonra para ti. Ya no recordarás la vergüenza de tu juventud ni las tristezas de tu viudez" (Isaías 54:4, NTV). Por medio de nuestra fe en Cristo nos convertimos en hijos de Dios (Juan 1:12), adoptados en su familia (Efesios 1:5). Como creyentes, no tenemos por qué vivir avergonzados por el pasado ni temiendo más deshonra. ¿Por qué? Porque la justicia de Cristo nos cubre, y el amor de Dios vence a cualquier arma espiritual forjada contra nosotros (Salmo 91; Isaías 54:17). Esto incluye los dardos de fuego de nuestro enemigo, Satanás, que intentará continuamente avergonzarnos y hacernos sentir responsables de alguna manera por el abuso que soportamos.

Quiero que eches un sincero vistazo al(a la) niño(a) que eras cuando los sucesos del abuso tuvieron lugar. Si miras bien de cerca, verás que ese(a) niño(a) hizo lo que tenía que hacer para sobrevivir. ¿Por qué no lo(la) libramos de la culpa? Realmente no merece ser culpado por los delitos cometidos contra su alma.

Dios no te culpa por el abuso y tu tampoco deberías hacerlo. Él tiene planes para tu vida, y no implican deshonra adicional. Es hora de situar la culpa donde tiene que estar en realidad, para que puedas soltar la que tú has venido cargando y empezar a sanar.

Reorienta la culpa

La violencia sexual es un delito cometido por personas heridas que buscan satisfacerse consiguiendo poder y controlando a otros. Sus heridas personales suelen ser el factor determinante detrás de sus actos perversos, aunque esta realidad no excuse su comportamiento. Es un asunto complejo, pero al final creo que la violencia sexual tiene que ver con el control.

Vuelve a pensar por un momento e intenta recordar las circunstancias relacionadas con tu historia. ¿Qué relación tenía contigo tu agresor (padre, madre, primo, maestro, etc.)? ¿Qué papel jugó en tu vida, si es que tuvo alguno? ¿Ejercías control sobre esta persona? ¿Crees que podrías haber dicho o hecho algo para detenerle? Si lo crees, ¿qué habría sido?

La verdad es que tú y yo no controlábamos nuestras circunstancias individuales en aquel tiempo. La senda que conduce a la sanación del abuso sexual conlleva el colocar la culpa donde pertenece en realidad. Este paso es importante para cada uno de nosotros, como sobrevivientes, porque nos libera de los sentimientos de culpa y vergüenza.

No se trata de apuntar con el dedo y condenar a alguien. No tiene que ver con enviar a alguien a la cárcel o con llamar al Departamento de Servicios Sociales, sino con decirte la verdad *a ti mismo*, y aceptarlo como una realidad.

Entiendo lo difícil que puede ser, sobre todo cuando están implicados miembros cercanos de la familia. Puede parecer que estés siendo desleal o que no quieras perdonar. Sin embargo, no se trata de ellos, sino de ti y de tu viaje hacia la sanación. Se trata de corregir las cosas en tu mente para que puedas llegar a un lugar de perdón en tu corazón.

Independientemente de las circunstancias, eres inocente. La culpa es de tu agresor solamente.

Quiero que te tomes un momento para completar la frase siguiente. Si tienes menos de dieciocho años, tal vez no sea inteligente mencionar aquí el nombre de tu(s) agresor(es). Considera usar un nombre ficticio para aquellos frente a quienes te sentiste, o te sientes, impotente:

"Fui impotente contra ____".

Lo más probable es que haya más de un individuo frente a quien te sentiste impotente. El más evidente será aquel que abusó físicamente de ti: lo llamaremos "el abusador agresivo". Estos individuos son los que cometen el delito directamente. Son los padres, hermanos, maestros, sacerdotes, niñeros/as, tíos, primos, compañeros de escuela, vecinos o amigos de la familia. Son los que llevaron a cabo el abuso físico o la agresión sexual.

Quizás también te sentiste impotente contra alguien que no estuviera directamente implicado en el abuso. Yo los denomino abusadores pasivos. Son los miembros de la familia, maestros y amigos que supieron del abuso pero guardaron silencio o, de alguna manera, fueron responsables de provocarlo. Son las personas que sospecharon el delito, pero no hicieron nada para ayudar. Se mantuvieron al margen y miraron para otro lado.

En "Lo esencial para el viaje", al final del capítulo, encontrarás un ejercicio para completar la frase arriba para cada una de las personas contra las que te sentiste impotente. Incluye a todos y cada uno de los implicados de algún modo en tu historia, ya sea pasiva o agresivamente. Este proceso te ayudará a identificar a quién tienes que verdaderamente echarle la culpa por tu deshonra.

Reorientar la culpa hacia el agresor puede ser un reto en tu viaje hacia la recuperación, pero es un componente fundamental para vencer los sentimientos de culpa y vergüenza. Te animo a llevar a Dios en oración lo que descubres en este ejercicio. Pídele que prepare tu corazón para el siguiente paso en tu viaje hacia la sanación, y que te ayude a empezar a perdonar a tus agresores por lo que te han hecho.

Cuando reorientas la culpa por el abuso hacia quienes de verdad fueron responsables de él, te liberas de tus propios sentimientos de culpa. Esto te permite ver los sucesos que te robaron la inocencia e hirieron tu alma como los actos criminales que son. Se producirá gran sanación cuando corrijas esto en tu mente, y estoy orando para que Dios te ayude a llegar hasta este punto.

Sigue adelante

Yo me creí la mentira de que yo tuve la culpa de lo que mi padrastro me hizo. Por ello, cargué con una gran culpa y vergüenza durante años. Me llevó tiempo ver mi error y poner la culpa donde en verdad tenía que estar. Imagino que lo mismo puede ser cierto para ti.

Tal vez no sientas ninguna sensación de culpa o vergüenza respecto a tu historia. Si es así, te aplaudo y me entusiasma que no tengas que trabajar en estas emociones en tu proceso de recuperación. Puedes seguir adelante con confianza. Sin embargo, si eres como yo, tal vez descubras que necesitas tiempo para procesar esto, y eso está bien.

Indudablemente, trabajar en los sentimientos de culpa y vergüenza supone un gran reto en la recuperación. Por esta razón, te animo a buscar la ayuda de Dios. Por difícil que pueda resultar este paso, es fundamental para romper las cadenas que te atan al pasado y aceptar la vida que Dios tiene para ti.

Recuerda esto: los sucesos que te hicieron sentir avergonzado han acabado. Dios no te culpa, ¿por qué entonces hacerlo tú? Mi esperanza es que, a medida que sigas adelante en tu viaje, permitas que Dios cambie cualquier mentira que hayas creído por la verdad de su Palabra. En el proceso de asimilar tu historia y aceptar tu inocencia, Dios borrará tu deshonra y te liberará para que llegues a perdonar.

LO ESENCIAL PARA EL VIAJE

No temas, ya no vivirás avergonzada. No tengas temor,
no habrá más deshonra para ti. Ya no recordarás la
vergüenza de tu juventud ni las tristezas de tu viudez.
—Isaías 54:4 (NTV)

Ya sea que abusaran sexualmente de ti en la infancia o te agredieran sexualmente de adulto, es importante entender que no eres culpable. No podrías haber hecho nada para detenerlo o impedirlo ni provocaste que ocurriera. Por mucho que te puedas *sentir* de algún modo responsable, no tienes la culpa de ninguna manera. Ya es hora de poner la culpa donde pertenece y liberarte a ti mismo para vivir plenamente.

Ora. Amado Jesús, abre mis ojos y ayúdame a verme como *tú* me ves. Dame el valor de soltar cualquier culpa y vergüenza que sienta por el abuso, y ayúdame a poner la culpa donde de verdad tiene que estar. Borra mi deshonra y prepara mi corazón para la obra sanadora que me tienes dispuesta por delante. Amén.

Lee. "Llevó nuestros pecados tan lejos de nosotros como está el oriente del occidente" (Salmo 103:12, NTV); "Volverás a tener compasión de nosotros. ¡Aplastarás nuestros pecados bajo tus pies y los arrojarás a las profundidades del océano!" (Miqueas 7:19, NTV). Lee además: Salmo 91; Isaías 1:18; Isaías 54:17. (Ver página 146).

Al leer los versículos de esta página, o de este capítulo, ¿cuáles te impresionan más y por qué?

____

____

Documenta tu viaje: ¿De qué te avergüenzas realmente? Tómate un momento para documentar tu respuesta en tu "diario de la verdad". A continuación, completa esta frase para cada una de las personas implicadas en tu historia (recuerda, para los adolescentes, usa solo nombres ficticios): Yo fui impotente contra____________.
Puedes descubrir que tienes que escribir más de un nombre. No importa. Escríbelos todos junto con las razones por las que te sentiste impotente contra ellos. Estos

nombres representan a tus abusadores pasivos y agresivos. Son los nombres de los verdaderos culpables de tu abuso, tú no. Entrégale esos nombres a Dios en oración, y pídele que te ayude a colocar finalmente la culpa donde tiene que estar, para que puedas soltar la culpa y vergüenza que sientes.

Desarrolla un corazón agradecido. Podemos permanecer centrados en nuestra deshonra, o reorientar nuestro pensamiento hacia el amor redentor de Jesucristo. Es hora de tener una nueva perspectiva. Dios ve tu situación, y Él es quien hará justicia, y corregirá todas las ofensas al final, en esta vida o en el cielo. Romanos 8:28 declara: "Y sabemos que para los que aman a Dios, todas las cosas cooperan para bien, *esto es*, para los que son llamados conforme a *Su* propósito" (NBLH). La verdad es que Dios te ama profundamente. Regocíjate en ese conocimiento, y mantente en el camino a la libertad.

Capítulo cuatro

PASO 3: Comparte tu historia

Ser capaz de hablar sobre lo que pasó
después de todo este tiempo, con alguien que lo
entiende, ha marcado toda la diferencia para mí,
en mi viaje hacia la sanación.
—MEAGAN, SUPERVIVIENTE

Muchos de nosotros no tuvimos nunca la oportunidad de expresar los sucesos del abuso que tuvo lugar en nuestras vidas. Se nos ignoró o se nos aconsejó que olvidáramos, que no reaccionáramos de forma exagerada o algún otro sinsentido. A algunos hasta se nos avergonzó para que calláramos. Cualesquiera que fueran las razones para no hablar del tema, el resultado es que quedamos aprisionados por los secretos que sentimos la necesidad de guardar.

Si aún no has compartido tu historia, tal vez estés sintiendo el peso de esos secretos ahora mismo. Es una carga terrible, ¿verdad? No eres libre para contar la verdad. Tienes que mantenerlo todo escondido y esperar que nadie lo descubra. Es una manera desdichada de vivir, porque te aísla de la ayuda que necesitas y te obliga a sufrir en silencio.

Tal vez hayas guardado silencio porque te dijeron que lo hicieras. Quizás te amenazaron o coaccionaron para que creyeras que te ocurriría algo malo a ti o a algún otro miembro de la familia si hablabas de ello. Sea cual sea el caso, ahora es el momento de romper ese silencio. Guardar el secreto solo te impedirá experimentar la sanación completa.

Podrías estar pensando: *Nunca podría compartir lo que me sucedió.* Sin embargo, antes de descartar ese paso, considera lo que implica. Existe un proceso que te puede ayudar a encontrar el valor que necesitas. Como en cada paso de tu viaje, tómate aquí el tiempo necesario y recuerda que se trata de tu proceso personal de recuperación. No hay prisa para alcanzar objetivos específicos en un tiempo determinado.

En los capítulos anteriores te motivé a emplear tiempo para escribir tu historia, reflejando quién estaba implicado y los efectos del abuso en tu vida. Ahora quiero que consideres la posibilidad de compartir tu historia con alguien en quien puedas confiar. Esta persona debería tener una experiencia personal con esta forma de abuso o al menos comprenderlo. Debería ser alguien que pueda guardar una confidencia y que se preocupe de verdad por tu bien. Podría ser un consejero cristiano maduro, un mentor, un pastor o un amigo de confianza. La clave está en encontrar a alguien con quien te sientas seguro y que mantenga tu historia bien guardada.

En general, las muchachas deberían compartir su historia con una mujer, y los muchachos con un hombre. Por supuesto, en el caso de los muchachos, puede haber excepciones si el agresor ha sido varón. En tal caso, puede ser mejor que hable de los detalles de su historia con una mujer mayor en quien pueda confiar. Ambos géneros deberían intentar buscar a alguien que entienda y pueda ofrecer una perspectiva bíblica de la situación.

Después de decirle a mi madre lo que había sucedido, me llevó algún tiempo volver a compartir mi historia. Estaba segura de que cualquier otra persona a la que se lo dijera me respondería del mismo modo. Ese temor, racional o irracional, me mantuvo callada durante mucho tiempo.

A medida que transcurrían los años y Dios me proporcionó las oportunidades adecuadas, me fui volviendo más vocal. Para mi sorpresa, cuanto más hablaba sinceramente con otros, mejor me sentía. Dios usó a las personas con las que compartí mi historia para que me levantaran el ánimo con sus palabras y me ayudarán a sanar.

Acudir a personas en las que podía confiar y contarles lo que me había sucedido me ayudó a procesar parte del dolor que estaba sufriendo. Me sentía lo bastante segura como para dar voz a las peores partes de mi historia. Poder hacerlo y alejarme de aquellas experiencias sintiéndome alentada y esperanzada disipó los temores que me habían cerrado la boca durante tanto tiempo; temores a que no me creyeran o a que alguien me juzgara de alguna manera.

Estas personas me explicaron que el abuso no era culpa mía y se me tranquilizó indicándome que no tenía de qué avergonzarme. Aprendí que no estaba sola; otras personas habían sufrido el abuso sexual y estaban ahora en el camino de la recuperación. Al empezar a creer estas verdades, mis sentimientos de vergüenza fueron desapareciendo y encontré mi voz.

Esta es la esperanza que tengo para ti, querido(a) amigo(a). Compartir tu historia puede ser una poderosa medicina tanto para ti como para otros. Lo que el enemigo pretendió usar para dañarte, Dios puede utilizarlo para bien, y cumplir su mayor propósito a través de nosotros (Génesis 50:20 en el contexto de la vida de José).

Aunque compartir tu historia es, probablemente, uno de los pasos más importantes en tu proceso de recuperación, también podría ser uno de los más difíciles. Por esta razón, quiero darte unos cuantos conceptos importantes que he aprendido de mi

comparte tu historia

propia experiencia y que te ayudarán a prepararte conforme vayas progresando en tu viaje.

Antes de contarles tu historia a otras personas, deberías hacerte algunas preguntas: ¿Qué vas a compartir? ¿Con quién? ¿Cuándo deberías hacerlo? Tener alguna idea al respecto con antelación minimizará la oportunidad de que sea una experiencia negativa para todos los implicados. Lo sé por mi propio caso, y te lo comento para ayudarte a evitar una mala experiencia.

¿Cuánto compartir?

Como mencioné antes, es importante que escribas tu historia para que puedas procesar todas las partes implicadas. Esto también te ayudará a preparar tus palabras de un modo que te facilite contarles tu historia a otros. Conforme lo haces, invita al Señor a ayudarte a procesar los recuerdos y las emociones relacionados.

Mientras preparas tu historia, considera lo transparente que quieres ser. Pregúntate: ¿Qué te parece importante revelar? ¿Qué detalles del abuso deberías guardar? Tómate tiempo para considerar, en oración, aquello de lo que necesitas hablar para curarte. Dios es quien mejor conoce tu historia y Él lo revelará a tu corazón.

No hay nada de malo en compartir las emociones fuertes. De hecho, permitirte sentir y expresar por fin lo que has contenido en tu interior puede ser la mejor medicina. Pero tomarte tiempo para preparar tus palabras con antelación te ayudará a controlar los detalles y cuánto compartes.

Preparar nuestras historias es relevante, porque lo que compartimos importa. Es un tema sumamente sensible para las dos partes implicadas. Contar nuestras historias de abuso no solo nos afectará a nosotros en lo más profundo, sino que afectará a quien las oiga.

Durante mi propio proceso de recuperación, me topé con varios libros de autoayuda, llenos de historias de hombres y mujeres traumatizados por el abuso sexual en la infancia. Algunas de las historias eran útiles, pero otras eran tan gráficas en sus detalles que me desencadenaban dolorosos recuerdos y emociones. Lamento haberlas leído, porque dejaron una huella duradera en mí que no puedo olvidar. Personalmente, preferiría no saber algunas cosas.

Mi idea es esta: a menos que estés hablando con un consejero profesional que tenga experiencia con víctimas del abuso sexual, ten cuidado con lo que compartes. Es preferible dejar algunos detalles en las páginas de tu diario privado. Utiliza la sabiduría. Puedes ser fiel a ti mismo y sincero con los demás, a la vez que mantienes los detalles gráficos al mínimo.

Si no has acabado aún de escribir tu historia, te insto a que te comprometas con el proceso antes de pasar al capítulo siguiente. Descansa de la lectura para permitirte dar ese paso en el viaje. Marcará toda la diferencia en tu progreso.

¿Con quién compartirás tu historia?

El abuso sexual es un tema sensible, independientemente del lado que ocupes en la conversación, seas un sobreviviente del abuso o no. Para quien sufre algo así, es una dolorosa historia que contar y, para quien no ha experimentado el abuso de primera mano, es difícil de escuchar. Es una de las razones por las que muchos de nosotros permanecemos en silencio. Sin embargo, contar nuestras historias es una parte crítica del proceso de sanación.

De modo que ¿a quién deberías contar tu historia? ¿A un amigo, un pastor, un consejero, un maestro, a un miembro de la familia o a un perfecto extraño?

Si no has compartido tu historia con nadie fuera de tu familia, te sugeriría que empezaras con un consejero cristiano especializado en la recuperación del abuso sexual. No son difíciles de encontrar. Si asistes a una iglesia local, pregunta si pueden recomendar a algún consejero. Aunque ahora mismo no asistas a ninguna, la mayoría te remitirán gustosamente a los servicios de consejería que utilicen para sus miembros.

Una alternativa al consejero cristiano es un pastor, un líder de estudio bíblico o un mentor dentro de tu comunidad local que tenga experiencia en trabajar con víctimas del abuso. Sugiero que escojas a un consejero o mentor que tenga experiencia de primera mano en el trato de heridas del abuso sexual en la infancia. Estará mejor preparado para identificar y relacionarse con tus problemas y tu dolor.

Enfatizo la importancia de un consejero o mentor *cristiano*, porque la fe es un componente crítico del proceso de recuperación. El abuso sexual deja una herida en el alma que solo Dios puede sanar. Requiere tiempo, fe y la obra transformadora de Jesucristo. Compartir tu historia con un creyente marcará toda la diferencia en la respuesta que recibes, los consejos y el enfoque hacia tu recuperación.

No estoy diciendo que un consejero, mentor o amigo de confianza que no sea creyente no pueda ayudarte. Estoy segura de que podrías encontrar a muchas personas capaces. Sin embargo, lo que estoy afirmando es que tu historia estará en mejores manos con alguien que tenga su esperanza y confianza depositadas en el Gran Sanador y Redentor, Jesucristo.

Tal vez hayas compartido tu historia en el pasado solo para oír dichos comunes como "Lo pasado, pasado está" o "Perdona y olvida". Sé que sus intenciones son buenas, pero quienes no han sufrido el abuso sexual suelen proporcionar consejos poco útiles a quienes sí lo han sufrido. Aunque estas frases puedan tener algún mérito, tienden a minimizar el largo proceso de recuperación para el sobreviviente.

Por eso, al principio tal vez no sea una buena idea compartir tu historia con un amigo cercano. Los amigos bienintencionados pueden decir cosas equivocadas, y eso no haría más que aumentar tu estrés emocional. Puede haber un momento, más adelante, en que tenga mayor sentido hacerlo, pero por ahora es mejor considerar las demás opciones mencionadas.

¿Cuándo compartirás tu historia de abuso?

Compartir nuestras historias con alguien de confianza puede ser una gran fuente de aliento en nuestro viaje hacia la sanación y nos provee con un marco seguro para procesar las dolorosas emociones y recuerdos. Cuando compartimos nuestras historias, reconocemos ante nosotros mismos y los demás, que aquello que sucedió fue real y que nos importa. Pero también sé, por mi propia experiencia, que el momento es muy relevante.

Si no estás preparado para dar este paso fundamental, te ruego que no lo hagas. No hay necesidad de precipitarse en esta parte del viaje. Es importante procesar la información en el capítulo 2 y escribir tu historia antes de seguir adelante. Una vez hecho, te aliento a buscar la ayuda de Dios y dejar que Él te guíe en esto. Dios te abrirá la puerta para que compartas tu historia en el momento adecuado y con la persona idónea.

Sigue adelante

Cuando yo encontré por fin el valor de hablar sobre el abuso con personas de confianza, me sentí liberada de años de culpa y vergüenza. Dar ese paso ha sido una parte básica de mi viaje. A lo largo de los años, Dios me ha proporcionado varias oportunidades más de compartir mi historia en un entorno seguro y útil. Cada vez crezco un poco más y progreso en el camino de la recuperación.

Creo que esto mismo te ocurrirá a ti.

Aunque este paso fundamental puede resultar intimidante al principio, te aseguro que revelar tus dolorosos recuerdos del abuso, a medida que Dios te guía, proveerá la validación, la guía, y el estímulo que necesitas. Quitará el peso de la culpa y te ayudará a encontrar tu voz para el viaje que tienes por delante. Tal vez hayas compartido tu historia en el pasado y solo te ha provocado más dolor. Te aliento a que te des otra oportunidad. Tómate el tiempo necesario para procesar tu historia primero, y pídele a Dios que te proporcione la mejor situación para compartirla.

Compartir tu historia de abuso no solo tiene el poder de curar tu corazón, sino que también puede permitirle a Dios usar tu experiencia para un propósito mayor. Conforme proceses tu historia quiero que sepas que nada es un desperdicio. Dios tiene poder para usar todo recuerdo doloroso —cada cicatriz— para proporcionar sanación a los demás. Mi oración por ti es que te permitas dar este paso, así como el crecimiento y la curación que vendrán después.

No temas, porque Yo estoy contigo; no te desalientes,
porque Yo soy tu Dios. Te fortaleceré, ciertamente te
ayudaré, sí, te sostendré con la diestra de Mi justicia.
—Isaías 41:10 (NBLH)

COMPARTIR TU HISTORIA te puede dar un poco de miedo al principio, pero es un paso fundamental en el proceso de recuperación. Al contarla, expones la verdad y rompes el silencio que te ha impedido ser todo aquello que Dios quiere que seas. Encontrar tu voz te libera para poder seguir adelante en tu viaje hacia la sanación.

Ora. Amado Jesús, necesito hoy tu ayuda. Me siento incómodo(a) con todo esto. No puedo hacerlo solo. Te ruego que me guíes en aquello que debería compartir y que me des el discernimiento para identificar a la persona correcta con quien compartirlo. Te pido el valor para dar este paso y que vayas delante de mí, alumbrando mi camino. Amén.

Lee. "Confía en el Señor con todo tu corazón; no dependas de tu propio entendimiento. Busca su voluntad en todo lo que hagas, y él te mostrará cuál camino tomar" (Proverbios 3:5-6, NTV); "Pues Dios no nos ha dado un espíritu de temor y timidez sino de poder, amor y autodisciplina" (2 Timoteo 1:7, NTV). Lee además: Isaías 61:3; Romanos 8:28; Efesios 3:16-19. (Ver página 146).

Al leer los versículos de esta página, o de este capítulo, ¿cuáles te impresionan más y por qué?

____

____

Documenta tu viaje. Conforme procesas tu historia, ¿qué cosas ha revelado Dios a tu corazón? Tal vez hiciste algunos descubrimientos con base en las verdades básicas que he compartido o en algún pasaje bíblico. Es posible que hayas compartido ya tu historia y que esa experiencia aún esté reciente en tu mente. Cualquiera que sea el caso, documenta tus descubrimientos en tu "diario de la verdad".

Desarrolla un corazón agradecido. Con Dios no se desperdicia nada, ni siquiera las circunstancias del abuso. Él es capaz de usar nuestras heridas para producir sanación en otros (2 Corintios 1:4-5). Si depositas tu confianza en Él, Él quitará todas las cosas feas que hayas experimentado y las usará para algo bello. Él te dará belleza en lugar de cenizas (Isaías 61:3, NTV). Es algo por lo cual estar verdaderamente agradecido.

Capítulo cinco

PASO 4: Sentimientos no resueltos

> Asegúrense de que nadie deje de alcanzar la gracia
> de Dios; de que ninguna raíz amarga brote y cause
> dificultades y corrompa a muchos.
> —Hebreos 12:15 (nvi)

Para la mayoría de nosotros, las experiencias pasadas juegan un papel relevante en cómo nos vemos hoy y eso influye en cómo tomamos decisiones e interactuamos con los demás. Los sentimientos no resueltos respecto a nuestras historias de abuso o las personas implicadas pueden tener el mismo efecto. Si no nos ocupamos de esos sentimientos, se arraigarán y, al final, impedirán nuestra completa recuperación. La libertad y la sanación tienen lugar cuando solucionamos esas emociones en nuestro corazón.

Por mi propia experiencia, el enojo reprimido es el primero en la lista de emociones no resueltas durante el proceso de recuperación para un sobreviviente. Esto ha sido así para mí y para varias personas más de las que he sido mentora. El enojo tiene el mayor potencial para causarnos daño a nosotros mismos y a los demás. Si no se controla, produce a menudo resentimiento y amargura. Estos sentimientos no siempre son obvios al principio, sino que se acumulan a lo largo de los años de reprimir y ocultar el abuso, y hacen que nos volvamos irritables, malhumorados, controladores, críticos y hasta ofensivos hacia los demás.

Es común que los sobrevivientes tiendan a reprimir las emociones dolorosas: sentimientos de enojo, resentimiento, abandono, traición e inutilidad. Muchos de nosotros nos hemos esforzado mucho por redefinir, minimizar y ocultar nuestras historias para poder sobrevivir, pero este planteamiento no resuelve nada en nuestros corazones. Los dolorosos recuerdos y emociones que reprimimos, al final, subirán a la superficie y provocarán problemas en nuestra vida diaria, en lo físico, lo emocional y lo relacional.

Podrías pensar: *Pero yo no estoy enojado. En realidad, no guardo resentimiento contra nadie.* Espero sinceramente que este sea el caso. Sin embargo, conforme empiezas

Además, «no pequen al dejar
que el enojo los controle».
—Efesios 4:26a, NTV

a recordar y reconocer los acontecimientos del abuso, los anteriores sentimientos de vergüenza pronto podrían dar paso al enojo y al resentimiento. Incluso, podrías descubrir que tu enojo no va dirigido a tu agresor. En tu historia podría haber otras personas cuyos actos o pasividad sean los verdaderos culpables. Cualquiera que sea la fuente, aferrarse al enojo o al resentimiento solo puede conducir a más dolor para ti.

Yo tenía gran cantidad de enojo reprimido cuando era más joven. No sabía de dónde procedía hasta que empecé a relacionar esa emoción con mis sentimientos no resueltos respecto al abuso. No mentiré: ese enojo era una carga pesada de arrastrar, y me convertía en una persona con la que era difícil convivir.

No quiero llevar esa carga adicional nunca más. Dios me ha dado demasiadas bendiciones que disfrutar, y no puedo desperdiciar mi energía en nada inferior. Sin embargo, no fue fácil llegar al lugar de paz que disfruto hoy. Con la ayuda de Dios, tuve que ocuparme de mis emociones no resueltas.

Tú también tendrás que hacerlo en el transcurso de tu viaje.

Para sanar necesitamos reconocer cómo nos sentimos en realidad y trabajar en esas emociones con la ayuda de Dios. Tenemos que ser intencionales en identificar y liberar de un modo constructivo cualquier sentimiento arraigado de enojo o resentimiento.

El propósito de este paso básico consiste en alentarte a reconocer, abordar y liberar cualquier enojo y resentimiento que puedas sentir respecto a las circunstancias del abuso en tu vida; no solo por tu bien, sino por el de aquellos a los que amas. Mi oración es que des este paso tan a menudo como sea necesario, hasta que por fin resuelvas tus sentimientos y los soluciones en tu corazón.

Reconoce el enojo y el resentimiento

Cuando comprendemos lo que se nos arrebató, es más que natural enojarse un poco. Al principio, puede ser como un fuego ardiente que, si se descuida, crecerá hasta convertirse en un incendio forestal. La amargura y el resentimiento suelen seguir de cerca, y antes de que nos demos cuenta, nos roban el gozo y convierten nuestra vida diaria en un caos.

Una amiga mía, que es pastora, usaba con frecuencia esta frase: "Las personas heridas hieren a los demás". ¡Qué gran verdad! Lo he hecho muchas veces e imagino que tú también. Nuestros sentimientos no resueltos de enojo y resentimiento pueden manifestarse de maneras destructivas lastimando a otros, con o sin intención. De hecho, si nos aferramos a nuestro enojo por mucho tiempo, podemos enfermar física y mentalmente. Ninguna ofensa merece esto.

El enojo no tiene nada de malo en sí mismo; es una emoción natural que todos sentimos en ocasiones. Hasta Dios se enoja. En la Biblia encontramos varios ejemplos en los que se le describe "ardiendo" de enojo (Éxodo 15:7; Deuteronomio 9:8; Isaías 5:25). Dios se enoja por el pecado y la rebelión, y también se enoja cuando ve la injusticia. Su alma odia la maldad y a aquel que ama la violencia (Salmo 11:5). La verdad es que no es la emoción del enojo la que nos causa problemas, sino la manera en la que lidiamos con esos sentimientos.

Tal vez has identificado ya los sentimientos de enojo y resentimiento en tu corazón y eso solo ha añadido a tu sensación de culpa y vergüenza. Quiero dejar claro que es perfectamente normal que te enojes si alguien ha abusado de ti. Te utilizaron de un modo terrible, te traicionaron, te abandonaron, no te protegieron, te violaron y te robaron tu inocencia. No hay nada de malo en sentirse disgustado por ello, y Dios mismo se siente indignado por ello. Lo importante es que lo reconozcas y te desahogues sanamente.

Dios entiende que nos enojemos a veces. Sabe que algunas personas nos ofenderán profundamente y que se romperá la confianza. Él es consciente de que seremos traicionados y heridos de distintas maneras. Por eso, Dios nos enseña a manejar el enojo del modo adecuado. Él quiere que nos ocupemos de ello con rapidez; que no eche raíz en nuestros corazones, donde puede hacer verdadero daño.

En el libro de Efesios, el apóstol Pablo les dice a sus lectores que "abandonen toda amargura, ira y enojo, gritos y calumnias, y toda forma de malicia" (4:31, NVI). "No pequen al dejar que el enojo los controle", escribe. "No permitan que el sol se ponga mientras siguen enojados" (4:26, NTV). Observa la llamada a la acción en estos versículos; Dios exige un esfuerzo deliberado por nuestra parte. No sé tú, pero yo no puedo hacerlo sola. Soy débil y necesito la ayuda de Dios… a diario.

Mencioné con anterioridad que, al principio de mi viaje, tuve algunos problemas de enojo. Durante años albergué un resentimiento sutil y ardiente hacia mi madre por no estar disponible cuando más la necesité. Sentí que me había abandonado y traicionado cuando le hablé sobre el abuso. Este rencor aumentó con el tiempo y se hizo cada vez más evidente en mi corazón, sobre todo después del nacimiento de mi segundo hijo.

Como esposa y madre, yo manifestaba mi ira de maneras muy desagradables. Me convirtió en una perfeccionista muy controladora, que mostraba poca paciencia con mi esposo y mis hijos por pequeñeces, como cuando derramaban un poco de leche. Yo gritaba mucho, y con frecuencia actuaba de manera irracional. Digamos tan solo que, durante mucho tiempo, la convivencia conmigo era insoportable.

Mi marido me ayudó a ver que mi verdadera frustración tenía muy poco que ver con nuestro matrimonio e hijos. Procedía de un lugar más profundo, una herida sin curar en mi corazón. Gracias a la perspicacia de mi esposo y la Palabra de Dios, empecé a ver y reconocer que tenía un problema con el enojo. Mediante mucha oración, apuntes en mi diario y reflexión, pude detectar, al final, la causa de toda esa frustración.

El problema no estaba en que me enojara, sino en permitir que la emoción controlara mi vida. La solución implicaba identificar la fuente de ese enojo y liberarlo de un modo constructivo.

Ahí es donde te reto a hacer un poco de investigación en tu alma. ¿Luchas con el enojo y los resentimientos reprimidos? De ser así, ¿de dónde proceden exactamente esos sentimientos?

Identifica la fuente

Si pudieras identificar lo que más te duele en tu historia de abuso, ¿qué sería? ¿Tiene que ver directa o indirectamente con los individuos implicados, o con el abuso en sí mismo?

Tómate un descanso en la lectura de este libro; acalla tu mente durante un momento y quédate quieto delante del Señor. Pídele que escudriñe tu corazón y te revele cualquier enojo reprimido o los resentimientos ocultos. Una vez hecho, dedica un minuto a completar esta frase para cada persona hacia la que puedas sentir enojo o resentimiento por causa del abuso. En el caso de adolescentes, es más seguro asignar nombres ficticios a las personas identificadas, en vez de los nombres reales: Estoy enojado/a con _____________________, porque _____________________.

Mi esposo me ayudó a ver que mi enojo procedía de un lugar mucho más profundo que la leche derramada y los conflictos maritales. Aunque yo creía que me estaba volviendo un poco loca, podía ver que gran parte de mi estrés y angustia venían de la tensa relación que tenía con mi madre, en aquella época. Ante la insistencia de mi esposo, empecé a considerar seriamente cómo me sentía respecto a ella y por qué. Fue entonces cuando comencé a orar sobre lo que tenía que hacer para manejar esos sentimientos y poder sanar.

Tal vez no tengas cónyuge ni amigo cercano que te ayude a reconocer tus propios puntos ciegos, pero sí tienes al amoroso Dios del universo, que todo lo sabe. Él te ayudará a identificar la fuente de tu enojo para que por fin puedas deshacerte de ella. Al completar la frase más arriba, te reto a entregar tus sentimientos a Dios en oración. Pídele que te ayude a encontrar una forma saludable de liberar tus emociones y resolver los problemas más profundos de tu corazón. Él quiere que te liberes de esto, y es el mejor para ayudarte a encontrar esa libertad.

Ten en mente que podría llevarte un tiempo identificar con certeza la fuente de tu dolor. Todos manejamos el trauma de una manera distinta, y para ti podría ocurrir por etapas. Así fue para mí y para otros sobrevivientes a quienes he aconsejado. Tan solo sigue avanzando hacia la meta y, cuando la alcances, busca una forma saludable de liberar tus emociones.

Descárgate

Una vez identificada la fuente de tu enojo y resentimiento, el siguiente paso consiste en encontrar una forma saludable de liberar esas emociones. Una manera positiva de liberar emociones poderosas es buscar una actividad saludable, algo que disfrutes. Si te gusta la pintura, pinta. Si prefieres el ejercicio, hazlo. Si es correr, corre. A mí me gusta hornear algo o limpiar la casa cuando me siento disgustada. La idea es que uses tu energía para algo bueno. Busca algo constructivo que hacer con tus emociones en lugar de hacerte daño a ti mismo o a otros.

Otra manera útil de liberarte, y aliento a los adultos a hacerlo, es confrontar a tu agresor y hacerle saber lo que estás sintiendo y cómo el abuso ha afectado tu vida. La confrontación no tiene por qué ser intensa para surtir efecto. Con este paso, no solo liberas tu enojo, también rompes el ciclo de victimización, encuentras tu voz y adquieres confianza.

Yo te sugiero un par de métodos para enfrentarte a tu/s agresor/es: escribe una carta o haz una llamada de teléfono. No es necesario estar cara a cara. Como norma general, no recomiendo ese acercamiento. Cada situación es distinta y solo tú puedes discernir qué es mejor.

Puede resultar imposible relacionarte directamente con tu/s agresor/es. En ese caso, solo el acto de escribir o dibujar tus sentimientos en un diario o carta puede proporcionarte una liberación poderosa. Este es el método que más recomiendo y lo que me ha funcionado bien a mí.

Siempre he mantenido un diario. Tengo montañas de ellos. Cuando era más joven, solía escribir cómo me sentía y lo que diría si hallara el valor de compartir mis sentimientos reales. No siempre tuve la valentía de decir lo que pensaba, y escribir era el medio para liberar lo que sentía en mi interior.

Seguí escribiendo en mi diario, incluso, de adulta. Ha sido una forma de orar a Dios y liberar muchas emociones confusas. Escribí mucho acerca de mis luchas personales al principio de mi viaje hacia la sanación. Cuando empecé a pensar en serio sobre lo que quería contarle a mi madre, escribí sobre aquel mensaje en mis diarios.

Por supuesto, llevar un diario no fue mi única forma de manejar los sentimientos. Mantenía conversaciones en mi cabeza mientras lavaba los platos de la cena o en voz alta en el auto cuando estaba sola. Hasta hablaba conmigo misma en la ducha (por favor, dime que no soy la única que hace esto). Todo esto me ayudó a ver que necesitaba contarle a mi madre lo que sentía realmente… por el bien de ambas. Nada cambiaría para mí hasta hacerlo. Era la única forma de despojarme del enojo y el resentimiento, y llegar al punto de poder perdonarle de verdad.

Ella quería tener una relación conmigo y no podía entender por qué no éramos capaces de conectarnos de verdad. Yo evitaba cualquier contacto real con ella, por culpa de los resentimientos que ocultaba. Sin embargo, para que pudiéramos tener una relación saludable, yo tenía que ser sincera con ella.

Le escribí una carta —varias, de hecho—, porque sabía que sería la única manera de poder comunicarle por completo lo que necesitaba decir. Sin embargo, antes de enviar las cartas, hallé la forma de expresarme durante una llamada telefónica con mi madre, justo antes de cumplir los cuarenta años. Fue un momento crucial para mí en mi viaje hacia la sanación, y Dios lo usó como el punto de partida para la reconciliación.

Mi madre preguntó: "¿Por qué no podemos mantener una buena relación? ¿Qué problema hay entre nosotras?".

No encontré las palabras para una respuesta inmediata, y solo pude oír aquella vocecilla que susurraba en mi cabeza: *Tienes que decírselo… ahora es el momento de contarle la verdad.*

Respiré hondo y le pregunté: "¿De verdad quieres saberlo… *realmente* quieres?

"¡Sí! —respondió ella—. Dime cuál es el problema".

Sin reservas, le expliqué lo que sentía. Salió todo, pero no exactamente como yo lo había planeado. Las emociones escondidas durante tanto tiempo afloraron, y acabé diciendo más de lo que pretendía originalmente. Me sentía agradecida de poder expresar lo que había en mi mente, pero creo que habría sido más fácil para ambas si, en vez de ello, le hubiera enviado una carta.

Sin embargo, tras la llamada telefónica, sentí que mi alma se despojaba de un gran peso. Dios usó lo que se habló en aquel sincero intercambio para producir sanación y restauración en ambas. Hizo falta tiempo y un esfuerzo deliberado por ambas partes, pero hoy mi madre y yo estamos más cerca de lo que hemos estado nunca. La amo de verdad. Mis resentimientos han desaparecido y, en su lugar, hay comprensión, compasión y perdón.

¿Qué les dirías hoy a tus agresores si no hubiera nada que temer ni te retuviera nada? Mejor aún, ¿qué pesa tanto en tu corazón que *necesitas decirlo* para poder sanar? Estas son las preguntas que debes responder mientras procesas lo que he compartido.

Podría resultar aterrador pensar en la confrontación con las personas implicadas en el abuso. Tal vez ni siquiera sea físicamente posible. Para algunos, como en el caso de los menores, una acción semejante no es recomendable. Sin embargo, expresar lo que sientes sinceramente hacia las principales personas implicadas es una forma muy útil de liberar los resentimientos escondidos. Hacerlo te liberará de un modo profundo.

Mi reto para ti consiste en plasmar sobre papel lo que le/s dirías a tu/s agresor/es si pudieras. Lo más probable es que ya hayas pensado en esto. Te aliento a que escribas una carta o dibujes esos pensamientos. La llamaremos tu "carta de enojo".

Tal vez estés pensando: *No sabría qué escribir ni por dónde empezar.* Considera esto por un momento: si pudieras ponerte frente a tu agresor (o cualquier persona contra la que estés resentido), sin problemas, sin temor de ser interrumpido o silenciado, ¿qué dirías? Eso es lo que quieres decir en tu "carta de enojo". Puedes escribir cualquier cosa que sientas necesario expresar. Esta es tu ocasión de dejar salir todas tus frustraciones… sin reservas.

Si estás escribiendo una carta, como adulto, necesitas exponer tres puntos principales. Primero, hazle saber a la persona por qué estás enojado. Segundo, describe cómo su ofensa ha afectado tu vida y habla del proceso de recuperación. Tercero, comunícale que no esperas nada de él o ella; sencillamente estás trabajando para sanar lo que sucedió en el pasado y lo perdonas por lo que ha hecho.

La clave de este ejercicio está en no esperar nada de la otra persona. No se trata tanto de su respuesta, sino de tu liberación. Si haces este ejercicio esperando algo a cambio, es posible que te decepciones mucho. Tal vez no consigas nunca una disculpa ni veas que las personas implicadas paguen por lo que hicieron.

Además, tu carta no pretende ser una herramienta de venganza. Ten en mente que la justicia le pertenece al Señor. Él enderezará tu camino si depositas tu confianza en Él (Romanos 12:17-21). Sin importar dónde estás en el proceso de manejar tus sentimientos, necesitas saber que Dios tiene el control y que no te ha olvidado. Él hará la justicia en tu nombre a su manera y en su tiempo si depositas tu esperanza en Él. Considera tomarte un momento para meditar en esa verdad, ya sea anotando tus pensamientos en tu "diario de la verdad" o haciendo un dibujo de lo que visualizas al leer Romanos 12:17-21:

> No paguen a nadie mal por mal. Procuren hacer lo bueno delante de todos. Si es posible, y en cuanto dependa de ustedes, vivan en paz con todos. No tomen venganza, hermanos míos, sino dejen el castigo en las manos de Dios, porque está escrito: «Mía es la venganza; yo pagaré», dice el Señor. Antes bien, «Si tu enemigo tiene hambre, dale de comer; si tiene sed, dale de beber. Actuando así, harás que se avergüence de su conducta». No te dejes vencer por el mal; al contrario, vence el mal con el bien (NVI).

Seas adulto o menor, este ejercicio es, sencillamente, una forma de liberar cualquier emoción tóxica que puedas tener a fin de iniciar el proceso del perdón. La carta o dibujo tiene más que ver con tu viaje hacia la sanación que con tu agresor.

Una vez escrita tu "carta de enojo", déjala durante unos días. Concédete algún tiempo para descansar de ella y pensar en lo que has plasmado. Luego, vuelve a leer la carta de nuevo. Elimina los comentarios que se alejen de los tres puntos principales y considera escribir un borrador final que puedas compartir de verdad. Después de eso, ora y ora un poco más todavía. Este ejercicio te ayudará a preparar el mensaje, pero la oración te proveerá la manera de compartirlo.

No tienes que seguir ningún marco de tiempo, así que no te precipites. Algunas personas que he aconsejado necesitaron semanas para escribir el borrador, revisarlo

Pero benditos son los que confían en el SEÑOR y han hecho que el
SEÑOR sea su esperanza y confianza. Son como árboles plantados
junto a la ribera de un río con raíces que se hunden en las aguas.
—JEREMÍAS 17:7-8A, NTV

y completar su "carta de enojo". Aquí, la clave está en permitirte este ejercicio y la sanación que le sigue.

En última instancia, fue Dios quien me ayudó a vencer mis sentimientos de enojo y resentimiento respecto al abuso. Él restauró mi relación con mi madre de un modo que nos ha proporcionado la sanación a ambas. Dios sigue ayudándome a esforzarme por lograr la paz en mis relaciones de hoy, y sé que puede hacer lo mismo por ti.

Cada situación es única, y todos avanzamos a un ritmo distinto. La meta en este paso consiste en identificar la raíz de tus emociones no resueltas —enojo, resentimiento o amargura— y liberarlas de una manera saludable. Mientras te muevas en esa dirección, estás en el camino correcto.

Querido(a) amigo(a), puedes encontrar una gran libertad cuando por fin puedas hablar de tus heridas. La forma de expresar tus sentimientos es algo que queda entre tú y Dios, y desde luego depende de tus circunstancias individuales del momento. Te aliento a orar y buscar el consejo de Dios sobre cómo liberar mejor tu enojo y resentimiento… por tu bien y por el de las personas que amas.

Sigue adelante

Te aliento a reflexionar durante un tiempo para identificar lo que sigue sin resolver en tu corazón respecto al abuso. Mi oración es que uses las herramientas que he compartido en este capítulo para identificar y liberar esas emociones de un modo constructivo.

Solo podemos reprimir nuestros sentimientos durante un tiempo. Finalmente, esos sentimientos no resueltos de enojo y resentimiento influirán en nuestra conducta. Si no asumimos el control, pueden provocar graves disfunciones de nuestra vida.

Por eso, Dios nos ordena abandonar "toda amargura, ira y enojo", porque sabe que no podemos llevar solos el peso de esas emociones; intentarlo solo conduce a problemas. Mi esperanza es que identifiques y trates cualquier sentimiento no resuelto respecto al abuso, a fin de experimentar la libertad de un corazón aliviado.

Desde aquella conversación telefónica con mi madre, he dejado de ser como un oso rabioso para convertirme en un león domado. Dios sigue suavizando mi temperamento día tras día, ¡pero me siento tan agradecida de que me hubiera quitado de encima el peso de la amargura! Dios es tan bueno, y sé que lo que ha hecho por mí lo puede hacer por ti sí tú se lo pides.

Oro para que encuentres el valor de tratar los sentimientos no resueltos de las heridas de tu pasado. No permitas que lo que sucedió entonces afecte de forma negativa quien eres hoy. Tal vez no sea posible reconciliar por completo ciertas relaciones, pero resolver el enojo y el resentimiento aligerará tu carga para el viaje que tienes por delante.

LO ESENCIAL PARA EL VIAJE

Asegúrense de que nadie deje de alcanzar la gracia
de Dios; de que ninguna raíz amarga brote y cause
dificultades y corrompa a muchos.
—Hebreos 12:15 (NVI)

EL ENOJO Y EL resentimiento reprimidos pueden conducir a graves problemas físicos, mentales y emocionales. Pueden destruir las relaciones y hacer que nos comportemos de manera destructiva y abusiva. Dios nos llama a una forma de vida mejor, un estándar más alto de vida. ¿Responderás hoy a esa llamada? Un paso básico en la curación es identificar cualquier emoción no resuelta con relación al abuso y liberarla de un modo saludable.

Ora. Señor, necesito hoy tu ayuda con desesperación. Sigo luchando con sentimientos no resueltos de resentimiento y enojo hacia __________________. Sé que no quieres que me aferre a estas emociones y soy consciente de que necesito preparar mi corazón para perdonar a esta persona. Muéstrame cómo tratar estos sentimientos de un modo saludable, y dame el valor de hacer lo necesario para resolverlos, de una vez por todas. En el nombre de Jesús, amén.

Lee. "… Quédate quieto en la presencia del Señor, y espera con paciencia a que él actúe. No te inquietes por la gente mala que prospera, ni te preocupes por sus perversas maquinaciones. ¡Ya no sigas enojado! ¡Deja a un lado tu ira! No pierdas los estribos, que eso únicamente causa daño…" (Salmo 37:4-8, NTV); "Líbrense de toda amargura, furia, enojo, palabras ásperas, calumnias y toda clase de mala conducta" (Efesios 4:31, NTV). Lee además: Salmo 30:5; Salmo 37:4-8; Juan 14:1; 1 Pedro 5:7; Santiago 1:20. (Ver página 147).

Al leer los versículos de esta página, o de este capítulo, ¿cuáles te impresionan más y por qué?

Documenta tu viaje. Tómate un momento para escribir en tu "diario de la verdad" lo que Dios le ha revelado a tu corazón respecto a tus emociones no resueltas acerca del abuso. Si eres adulto, documenta los nombres de las personas hacia las que aún sientes resentimiento y necesitas enfrentar. Si eres un menor, utiliza nombres falsos que solo tú puedas identificar. Empieza a escribir o dibujar tu "carta de enojo". Es posible que caigas en cuenta de que necesitas más de una carta. Luego considera en oración si debes enviar la(s) carta(s) y en qué momento, o cómo mejor liberar tus emociones.

Desarrolla un corazón agradecido. No se nos ha prometido una vida libre de dolor. De hecho, se nos ha asegurado lo contrario, porque vivimos en un mundo caído y pecaminoso. En ocasiones, debido a las circunstancias dolorosas de la vida, tendremos que luchar contra las emociones no resueltas. Sin embargo, no estamos solos en la lucha. Dios está con nosotros, y nos está llamando a un nivel superior. Ya no tenemos que vivir bajo el peso del pasado. Con la ayuda de Dios podemos experimentar total libertad y sanación. Jesús afirmó: "…En este mundo afrontarán aflicciones, pero ¡anímense! Yo he vencido al mundo" (Juan 16:33, NVI). En verdad es algo por lo que estar agradecido.

Capítulo seis

¿Cuál es el papel de Dios en tu historia?

"Porque Yo sé los planes que tengo para ustedes",
declara el SEÑOR, "planes de bienestar y no de
calamidad, para darles un futuro y una esperanza".
—JEREMÍAS 29:11 (NBLH)

Cuando les suceden cosas malas a personas inocentes, una pregunta suele flotar en el aire. La mayoría de nosotros la hemos formulado en un momento u otro: "¿Por qué permitió Dios que esto pasara?". Yo me he hecho esta pregunta; ¿tú no?

Ya sea que la persona crea en Dios o no, por alguna razón, cuando golpea la tragedia, se cuestiona a menudo el carácter de Dios. Por ello, quiero hacer un breve descanso de los pasos básicos e intentar tratar esta preocupación. No soy experta en teología, pero Dios me ha dado paz sobre esto, por medio de las experiencias de la vida y la verdad de su Palabra. Mi esperanza no solo es que veas el papel de Dios en tu historia, sino también, y más importante, que veas tu papel en su historia.

Cuando una figura paterna o persona con autoridad abusa de nosotros, esto puede perjudicar gravemente nuestra capacidad de confiar en alguien que tiene un papel similar. Esto a menudo incluye a Dios. Hasta el creyente más devoto puede tener dudas acerca de la naturaleza y el carácter de Dios, *en especial* cuando han experimentado la tragedia y la pérdida.

Afortunadamente, Dios no nos lo tiene en cuenta.

Cuando alguien menciona a Dios, ¿qué sentimientos afloran en ti? ¿Es el Señor de tu vida, un amigo cercano o un conocido lejano? ¿Es una teoría, un camino o un falso sistema de creencias? ¿Dudas de su existencia o te has preguntado alguna vez dónde estaba cuando más lo necesitaste?

Tal vez creciste en la iglesia, pero, a causa de las dolorosas circunstancias que sucedieron en tu vida y los caminos que has tomado desde entonces, perdiste la fe en Él. Tu corazón está lleno de preguntas y dudas. Tal vez no estés seguro de poder confiarle tu vida, o quizás te hayas convencido a ti mismo de que Él no puede amar a alguien como *tú*.

El propósito de este capítulo es ayudarte a ver el papel de Dios en tu historia y el tuyo en la suya. A medida que sigamos nuestro viaje juntos, espero que empieces a resolver tus preguntas y tus dudas, que llegues a un entendimiento más pleno de quién es Dios y su gran amor por ti, y que empieces a confiar en que sus planes para ti son buenos. Creo que la curación completa solo tiene lugar cuando conoces a Dios por medio de su Hijo Jesucristo.

¿Dónde estaba Dios?

¿Dónde estaba, pues, Dios y por qué permitió que el abuso sucediera? Personalmente, luché por encontrar la respuesta a esa pregunta, como recién convertida viviendo aún en una familia abusiva y, más tarde, como adulta que intentaba olvidar las circunstancias del abuso. Mi sencilla respuesta fue: "Lo desconozco, ¡pero sé que Él es bueno y sus planes también!

Tenía trece años cuando le entregué mi corazón a Jesucristo. Fue más por temor que por amor, pero el amor también llegó al conocerlo mejor y confiar más en Él.

Muchas veces oraba y le pedía a Dios que interviniera a mi favor, que cambiara mi situación; pero parecía que Él no me escuchara. Mis circunstancias siguieron siendo las mismas durante dos años más. Aun así, seguí creciendo en mi fe.

Para ser sincera, yo buscaba señales y prodigios; esperaba que Él hiciera algo drástico e instantáneo. Quería que Dios hiciera algún tipo de justicia al estilo del Antiguo Testamento, en mi situación. Anhelaba saber que Él escuchaba mis oraciones. Se podría decir que esperaba un milagro.

En aquel tiempo descubrí un pasaje de las Escrituras, y creo que fue Dios quien me guió a ese pasaje y me lo recordó con frecuencia durante aquel doloroso periodo de mi vida. Fue uno de los primeros versículos bíblicos que memoricé: "Confía en el Señor con todo tu corazón; no dependas de tu propio entendimiento. Busca su voluntad en todo lo que hagas, y él te mostrará cuál camino tomar" (Proverbios 3:5-6, ntv). Este pasaje me sostuvo en aquel tiempo y también lo ha hecho en otros momentos oscuros, desde entonces.

Mi idea al compartir todo esto es que Dios estuvo allí durante los años del abuso. Él me veía y me estaba guiando hacia la libertad. Aunque yo buscaba una expresión externa de la presencia de Dios en mi vida, Él obraba en mi corazón. Dios me acercaba a Él y me edificaba en su Palabra. Yo deseaba conocer mejor su Palabra y la leía con frecuencia.

Durante aquellos años descubrí mucho acerca de Dios: que podemos invocar su nombre y Él oye nuestras súplicas (Salmo 116:1-2), que Él es bueno (118:1), que no tenemos que temerle al hombre, porque Dios está de nuestro lado (118:14), y que su Palabra es la luz que necesitamos con desesperación para encontrar nuestro camino (119:105).

Dios me alentó y me dio el valor de contarle por fin a mi madre lo que mi

Él es compasivo

Él es justo y ama la justicia

Él es fiel

Él es todopoderoso

Él es inmutable

Él es clemente

Él es bueno

padrastro estaba haciendo. Aunque su respuesta en aquel momento no fue la que yo esperaba, el abuso se detuvo y aquello fue una respuesta a la oración. El gran milagro que yo esperaba finalmente llegó, pero no como yo imaginaba. En vez de ello, Dios usó muchos pequeños milagros a lo largo de mi vida para llevar a cabo sus planes perfectos para mí.

Creo que los planes de Dios para nosotros son buenos, pero también estoy convencida de que tenemos un enemigo al que le gustaría que pensáramos de otro modo. No creo que Dios planeara ni tuviera la intención de que abusaran de nosotros. Nuestras historias no ocurrieron para que Él pudiera llevar a cabo algún propósito mayor; sin embargo, Él puede usarlas o redimirlas para que se cumplan sus propósitos en nuestra vida.

No creo que Dios estuviera enseñándonos una lección ni castigándonos por algún pecado. Esa no es la naturaleza del Dios que conozco, del Dios de la Biblia. Tampoco es la forma en que le he visto obrar en mi vida durante los últimos veinte años.

Dios *es* omnisciente, lo sabe todo. Sabía que el abuso formaría parte de la historia de nuestra vida, pero no creo que fuera algo que planeara para nosotros. Según la Biblia, los planes de Dios para su pueblo son buenos: planes de prosperarnos y no para hacernos daño; planes de darnos una esperanza y un futuro (ver Jeremías 29:11). Sin embargo, las cosas malas les ocurren a las personas inocentes, porque vivimos en un mundo lleno de pecado.

La respuesta a la pregunta de por qué permite Dios que sucedan cosas malas a las personas inocentes se puede encontrar en los primeros capítulos del libro de Génesis. Soy una persona sencilla, y lo que he descubierto en estos capítulos tiene mucho sentido, en mi sencilla forma de pensar. Sin entrar en una extraordinaria discusión teológica, me gustaría compartir contigo lo que he descubierto.

La Biblia afirma que "Dios creó a los seres humanos a su propia imagen" (Génesis 1:27a, NTV), y que "la mente del hombre planea su camino" (Proverbios 16:9a, NBLH). Básicamente, hacemos nuestras propias elecciones, buenas o malas. Tenemos libre albedrío; sin embargo, somos también susceptibles a las consecuencias.

No tienes más que ver la historia de Adán y Eva; tenían una vida maravillosa en el jardín del Edén. Dios les dio toda la comodidad y la belleza que pudieran querer y dijo: "De todo árbol del huerto podrás comer" (Génesis 2:16, NBLH). Solo les dio una norma por la que vivir: "del árbol del conocimiento (de la ciencia) del bien y del mal no comerás, porque el día que de él comas, ciertamente morirás" (2:17, NBLH). Fácil, ¿verdad? Pero Satanás los engañó, y el deseo de poder de Adán y Eva superó su buen juicio. *Escogieron* desobedecerle a Dios y comer el fruto prohibido. La consecuencia de esa elección es el mundo lleno de pecado en el que vivimos hoy.

Dios es bueno y sus planes también lo son

Dios no *planeó* que abusaran sexualmente de ti. Como cualquier otra tragedia horrible que vemos hoy en las noticias, el abuso sexual existe porque vivimos en un mundo lleno de pecado. Todos tenemos la libertad de hacer nuestras propias elecciones, buenas o malas. Tristemente, muchos abusan de esa libertad para herir a otros.

¿Por qué nos dio Dios libre albedrío, si sabía que le desobedeceríamos? Lo hizo para que pudiéramos escoger, libremente, amarle. Es un caballero; no se nos impondrá. Dios nos ama lo suficiente como para permitirnos tomar nuestras propias decisiones, buenas o malas. La violación, el incesto, el abuso y todas las demás elecciones horribles que las personas puedan hacer son el resultado del pecado de la humanidad, y no la voluntad de Dios.

El abuso que sufrimos forma parte de nuestra historia individual, pero cuando le confiamos nuestra vida a Dios, Él escribe el capítulo final. Él tiene la última palabra. Lo que el enemigo de nuestra alma pretendía usar para el mal, Dios puede utilizar para el bien. Él puede transformar nuestras cenizas en algo hermoso, cambiar nuestro lamento en gozo, y sacarnos del foso de la desesperación para llevarnos a un lugar donde rebosemos de alabanza (ver Isaías 61:3).

A Satanás le encantaría mantenernos en el foso de nuestros problemas, distrayéndonos de estas verdades. Hará lo que sea para impedir que tengamos una estrecha relación con Dios, porque cuando lo hagamos descubriremos quienes somos en realidad y eso le asusta a Satanás.

Aunque no puedo explicar por qué Dios no interviene a tu favor, puedo indicar su carácter y exponerte a la verdad de su Palabra. Quiero compartir algunas características esenciales de Dios que fueron un consuelo para mí en mi propio viaje hacia la sanación. Al leer esto, piensa en *tu* historia y dónde Él ha cumplido estas verdades en tu vida. (Ver páginas 157-159).

Dios es compasivo (Salmo 103:8; Efesios 2:4-5; Hebreos 4:16).
Él es justo, y ama la justicia (Isaías 61:8; Jeremías 17:10; Romanos 12:9).
Él es fiel (Salmo 89:8; Lamentaciones 3:22-23; 2 Timoteo 2:13).
Él es todopoderoso (Job 9:4; Jeremías 32:17; 2 Corintios 10:4).
Él es inmutable (Deuteronomio 7:9; Isaías 41:4; Hebreos 13:8).
Él es perdonador (Daniel 9:9; Miqueas 7:18; Tito 2:14).
Él es bueno (Salmo 136:1; Salmo 143:10; Marcos 10:18).

Por supuesto, se podría decir mucho más sobre quién es Dios y cómo es, pero estas verdades han sido un gran aliento para mí. Dios ha demostrado ser todo esto en mi vida, y tantas cosas más. Mi esperanza es que te den un punto de partida para lograr entender mejor quién es Dios y cuál es su papel en tu historia.

Te aliento a buscar y a leer estos pasajes en una Biblia. A continuación, empieza una lista de los atributos de Dios en tu "diario de la verdad" anotando los que menciono arriba. A medida que sigues estudiando la Palabra de Dios, ve añadiendo a tu lista.

Para crecer en fe es necesario estudiar continuamente la Biblia y buscar a Dios en oración. Él nos habla principalmente por medio de su Palabra. Confío que al hacer estas cosas, Él se revelará a ti de un modo muy personal. Llegarás a ver que Él es bueno y sus planes para ti también lo son.

Dios entiende nuestro sufrimiento

Dios entiende la experiencia humana mucho mejor que nosotros. La *capta*. Ha experimentado personalmente la vergüenza, la traición y las injusticias en una medida, afortunadamente para nosotros, superior a las que nosotros viviremos en toda nuestra vida.

Los sufrimientos de Cristo superan con creces lo que nosotros soportaremos aquí en la tierra. No digo esto para minimizar nuestra experiencia, simplemente quiero resaltar que Dios comprende nuestro sufrimiento.

Piensa en ello. Dios abandonó la perfección del cielo para asumir la fragilidad del hombre. Aquel que es el dueño de "ganado de mil colinas" (Salmo 50:10b, NTV), escogió nacer en pobreza, sufrir una muerte dolorosa y cruel en una cruz, y resucitar a la vida el tercer día, para que pudiéramos aceptar su don gratuito de la salvación.

Dios no solo comprende nuestro dolor, sino que sufre con nosotros. La Biblia afirma: "En todas sus angustias Él estuvo afligido" (Isaías 63:9, NBLH). Cuando vio sufrir a su pueblo, "él se entristeció a causa del sufrimiento que experimentaban" (Jueces 10:16, NTV). Dios sufre incluso cuando hemos pecado y provocado nuestro propio sufrimiento (como en el caso de Jueces 10).

Pienso en cómo debió dolerse el corazón de Dios al ver sufrir a su único Hijo Jesús, aquí en la tierra, a manos de los hombres perversos. Imagino que fue necesaria toda su fuerza para que no cambiara de idea y lo rescatara. Jesús mismo podría haber llamado a todos los ejércitos angelicales de Dios en cualquier momento, y ellos habrían acudido en su ayuda en un instante.

Dios tenía todo el poder para intervenir. Jesús soportó ese sufrimiento por *nuestro* bien. Aceptó de buen grado toda la vergüenza de cada pecado cometido: el enojo y la ira del agresor, el violador y el asesino, así como la agonía y la vergüenza del perseguido, el abusado y el rechazado.

Cuando por fin llegué a entender esto, se resolvió la pregunta de mi corazón sobre qué hacía Dios durante aquellos oscuros años de mi infancia. La respuesta es: *Él estaba allí*. Sufrió cuando yo sufrí y comprendió mi dolor, porque en la cruz padeció el pecado mismo de mi agresor. Se afligió conmigo y, en última instancia, me sacó

Esperanza

de esa horrible situación, paso a paso hasta llevarme a la vida maravillosamente abundante que hoy conozco.

Esto mismo es cierto en tu caso. Dios estaba allí. Vio lo que ocurrió y sufre por las heridas que tú soportaste a manos del agresor. Él comprende tu dolor, se aflige cuando sufres, y desea sacarte de la oscuridad para llevarte a una nueva vida hermosa y abundante.

Dios *te* ama

Para experimentar por completo el amor de Dios en tu vida, tienes que creer que ese amor existe y recibirlo. Creer que existe significa confiar en ello, y recibirlo quiere decir aceptarlo como verdad en tu vida. Hasta que no lo hagas no experimentarás de verdad la libertad y el gozo que trae el amor de Dios.

La verdad, querido(a) amigo(a), es que Dios conoce toda tu historia y sigue amándote. Su amor por ti es incondicional, implica sacrificio y tiene el poder de transformar tu vida. No se trata de que Dios te ame o no, sino de que puedas permitirte *creer de verdad en* ese amor y *recibirlo.*

Su amor por ti es incondicional

Dios nos amó mucho antes de nuestra decisión de amarle a Él. Él no espera hasta que seamos perfectos, porque nunca lo seremos. Dios nos ama independientemente de quiénes somos, de lo que hayamos hecho, de dónde hayamos estado o de lo que nos hayan hecho. Su amor por nosotros es incondicional.

La Biblia afirma: "Pues Dios amó tanto al mundo que dio a su único Hijo, para que todo el que crea en él no se pierda, sino que tenga vida eterna" (Juan 3:16, NTV). Quiero que asimiles este concepto durante un momento. Observa la palabra *mundo*. El *mundo* implica a todos, los buenos, los malos, los amados y los que no son tan fáciles de amar. Él ama al creyente y al incrédulo por igual.

Dios nos ama aun en medio de nuestro caos y de nuestro pecado, y en nuestros peores momentos (Romanos 5:8). Él nos ama a pesar de nuestras dolorosas situaciones familiares, y no hay nada que pueda separarnos de su amor (Romanos 8:31-39). El amor de Dios es incondicional.

Es posible que hayas experimentado el abandono, la traición y las diversas formas retorcidas del amor. Quizás las circunstancias de la vida te han enseñado que el amor es más placer físico o sumisión personal. Quizás tuviste que actuar de cierta forma para recibir el amor de los miembros de la familia y hasta de tus amigos cercanos.

Es posible que hayas aprendido que el amor humano es muy condicional. Necesitas saber que el amor de Dios no funciona así. Su amor por ti no se basa en tu desempeño. No necesitas ganarlo, y no hay nada que puedas hacer para perderlo jamás. El amor de Dios por ti es incondicional.

Por amor a ti se sacrificó

¿Morirías por alguien a quien amas? ¿Y si fuera alguien que no te ama o que ni siquiera sabe que existes? ¿Escogerías asumir su castigo si fueran un asesino, un mentiroso, un chismoso, un agresor, un drogadicto, un adúltero o un ladrón? Eso es exactamente lo que Dios hizo por nosotros por medio de su Hijo Jesucristo.

El amor de Dios por nosotros es de la mejor clase; es un amor que implica sacrificio. Además, observa en Juan 3:16 que Dios entregó a su *único* Hijo. Envió a su Hijo *unigénito*, Jesús, para que llevara sobre sí nuestro castigo y muriera en nuestro lugar. La Biblia afirma: "Pero Dios demuestra su amor para con nosotros, en que siendo aún pecadores, Cristo murió por nosotros" (Romanos 5:8, NBLH). Fue mientras seguíamos en nuestro *estado pecaminoso* cuando Jesús escogió morir en la cruz por nosotros y asumir de buen grado el castigo, no solo por nuestros pecados, sino también por los de nuestro(s) agresor(es). El amor de Dios por nosotros es sacrificial y no hay mayor amor que ese (Juan 15:13).

Y te preguntarás: ¿Por qué tuvo que morir Jesús en la cruz por mi pecado si Dios ya me ama tal como soy? La respuesta es que Dios es santo y "su camino es perfecto" (2 Samuel 22:31, NBLH). Aunque Dios nos amó de forma incondicional, nuestro pecado es como un enorme saco de papas podridas, apesta terriblemente para Él. La Biblia enfatiza una y otra vez que Dios odia el pecado. Lo desprecia.

Lo que es más, nuestro pecado nos separa de Dios (Isaías 59:2), y esa separación nos impide conocer y experimentar su amor. En última instancia, nos conduce a una separación eterna (Mateo 25:41), y eso aflige el corazón de Dios (2 Pedro 3:9).

No podemos reunirnos con Dios sin pagar por nuestro pecado, y al no haber una forma adecuada de hacerlo nosotros, Dios diseñó un plan perfecto de reconciliación a través del sacrificio perfecto de su Hijo unigénito, Jesucristo.

Dios hizo lo que nosotros no podíamos hacer por nosotros mismos. De buen grado y por amor, cargó con nuestra vergüenza, nuestro quebrantamiento y nuestro pecado, y los clavó a la cruz del Calvario. ¿Por qué haría todo eso? Lo hizo, porque nos ama.

¿Por qué entregó el Dios del universo a su único Hijo para que sufriera y muriera por *ti*? Lo hizo, porque te ama, y por amor a ti se sacrificó.

Su amor por ti puede transformar tu vida

Cuando aceptamos el amor de Dios y su regalo de salvación, a través de la fe en su Hijo Jesucristo, estamos invitando al Espíritu de Dios a entrar a nuestros corazones. Inmediatamente se pone a obrar para transformar nuestras vidas desde adentro hacia afuera. La Biblia afirma que cuando recibimos a Cristo nacemos de nuevo (Juan 3:3), y que "si alguno está en Cristo, nueva criatura (nueva creación) *es*, las cosas viejas pasaron, ahora han sido hechas nuevas" (2 Corintios 5:17, NBLH). En esencia, recibimos un nuevo comienzo. Donde una vez estuvimos espiritualmente muertos en nuestros pecados, ahora Él nos ha dado vida por medio de Jesucristo (Efesios 2:4-5). No es por algo que hayamos hecho, sino por la gracia de Dios. Eso es amor suficiente para transformar vidas.

En una ocasión hablé en un evento celebrado en un centro de rehabilitación para mujeres adictas. La ocasión tenía como objetivo alentar a mujeres que se estaban recuperando de las dolorosas ataduras de la drogadicción, al tratar las cuestiones centrales que dieron pie a las adicciones. Una de estas cuestiones era el abuso sexual en la infancia.

Mi mensaje fue muy simple: "¡Dios te ama, y no hay nada que puedas hacer al respecto!". Hablé de cómo el amor de Dios es incondicional y puede transformar tu vida. Fue este último aspecto el que más pareció interesar a varias de las mujeres. Quisieron ser transformadas desde el interior hacia afuera, porque muchas de ellas habían sido heridas por el abuso sexual en la infancia, heridas que las llevaron a una vida desdichada de adicciones a las drogas y al alcohol.

Lo que ellas necesitaban es lo mismo que cada uno de nosotros necesita: el poder transformador del amor de Dios, el tipo de amor que tiene el poder de sanar nuestras heridas más profundas y restaurar nuestras vidas. Aquel día, nuestro equipo ministerial vio a muchas de aquellas preciosas mujeres confiar sus vidas a Cristo por primera vez. ¡Fue un espectáculo hermoso!

El amor de Dios por ti puede transformar tu vida. Él te ama en medio de tu quebrantamiento y tu pecado; sin embargo, te ama demasiado para permitir que sigas sumido en tu tribulación. Dios desea transformar tus cenizas en algo hermoso. Sus planes para ti son buenos, mejores de lo que podrías esperar jamás. ¿No crees que es tiempo de creer en ese amor y recibirlo?

Una invitación para ti

Puede que te sientas responsable de algún elemento de tu historia de abuso o de ciertas elecciones que tomaste desde entonces. Tal vez hubo algún giro inesperado en la vida que te condujo al aborto, a una adición o a un matrimonio fallido. Quizás sientas que has llegado demasiado lejos para ser perdonado y que estás fuera del alcance de Dios.

Al enemigo le gusta aprovecharse de esta actitud. Su objetivo es impedir que te acerques a Dios y que aceptes su regalo de gracia. Satanás colocará piedras para que tropieces y carteles llenos de mentiras a lo largo de tu camino para distraerte, porque sabe que el amor de Dios es el remedio para tus heridas.

El enemigo de nuestra alma es quien nos incita a dudar del carácter de Dios. Es quien quiere mantenernos aplastados bajo el peso de la vergüenza que sentimos en nuestro interior, a pesar de que, en última instancia, él es el responsable del abuso (Efesios 2:1-3). Satanás quiere que permanezcamos en su camino de culpa, vergüenza y condenación. Es su voz la que escuchamos quejándose en nuestra mente: "Esta vez has llegado demasiado lejos. ¡Ya no hay esperanza para ti!". Todo es culpa suya; siempre ha sido un mentiroso y es el "padre de la mentira" (Juan 8:44, NBLH).

La verdad es que no podemos llegar "demasiado lejos", porque no hay pecado demasiado grande para la gracia de Dios (Tito 2:14), y cuando recibimos su don de gracia por medio de su Hijo Jesucristo, nuestro pecado pasado queda lavado y nos convertimos en una nueva creación: limpia, sin mancha, sin arruga y libre de acusación. La Biblia dice: "…las cosas… ahora han sido hechas nuevas" (2 Corintios 5:17, NBLH), y "Por lo tanto, ya no hay condenación para los que pertenecen a Cristo Jesús" (Romanos 8:1a, NTV).

No tienes que ganar el perdón de Dios. En realidad, no hay nada que puedas hacer por ti mismo para obtenerlo. La Biblia afirma: "Porque por gracia ustedes han sido salvados por medio de la fe, y esto no procede de ustedes, *sino que es* don de Dios; no por obras, para que nadie se gloríe" (Efesios 2:8-9, NBLH). Dios ya ha pagado el precio por nuestra salvación por medio de la muerte y la resurrección de su Hijo, Jesús.

Tal vez hayas escuchado el mensaje del evangelio en el pasado, pero no lo aceptaste. Quizás aceptaste a Cristo hace años, pero sigues esperando *sentirte* perdonado. Quizás hayas evitado a Dios por completo, porque no has sido capaz de perdonarte a ti mismo.

Quiero tomar un momento ahora para invitarte a escuchar la verdad, y ofrecerte la oportunidad de actuar sobre esa verdad en tu propia vida.

Aunque no tuvimos la culpa del abuso sufrido, todos somos pecadores. Todos hemos hecho elecciones pecaminosas. La Biblia enseña que "por cuanto todos pecaron y no alcanzan la gloria de Dios" (Romanos 3:23, NBLH) y que "la paga que deja el pecado es la muerte" (6:23, NTV). La muerte es el castigo por nuestro pecado: no solo la muerte física, sino la separación eterna de Dios. Con todo, "el regalo que Dios da es la vida eterna por medio de Cristo Jesús, nuestro Señor" (6:23, NTV), y "si confiesas con tu boca a Jesús *por* Señor, y crees en tu corazón que Dios Lo resucitó de entre los muertos, serás salvo" (10:9, NBLH). Es así de simple.

¿Lo crees?

Si todavía no has recibido el regalo de la gracia de Dios, te invito a orar ahora mismo, justo donde te encuentres. Dios prescinde de las formalidades. Puede escuchar nuestro clamor desde una cafetería o desde el sofá de un salón, ¡con la misma facilidad que puede hacerlo desde el banco de la iglesia! Lo importante es que le hables desde tu corazón, con arrepentimiento por tu pecado y entendiendo que solo el sacrificio de Jesús te puede salvar. Si no sabes qué decir exactamente, puedes empezar con estas palabras:

Amado Dios, reconozco que soy un pecador y lamento mucho las cosas que he hecho. Te ruego que tengas misericordia de mí. Necesito comenzar de nuevo. Creo que tu Hijo Jesús murió en la cruz por mis pecados y que tú lo resucitaste. Pongo mi confianza en ti y en tu amor por mí. Te ruego que me salves hoy. Te lo pido en el nombre de Jesús, amén.

Si has orado con sinceridad, tus pecados están perdonados. Jesús ha venido a vivir en tu corazón, y todo el cielo se regocija. Verdaderamente no hay mejor forma de experimentar la liberad y la sanación del pasado que ser liberado por el amor de Dios, a través de la aceptación de su Hijo Jesucristo. "Así que, si el Hijo los hace libres, ustedes serán realmente libres" (Juan 8:36, NBLH). En el capítulo 9, hablo de los pasos siguientes que debe dar el nuevo creyente, pero por ahora sencillamente me regocijo contigo.

La Biblia declara: "Más bien, busquen primeramente el reino de Dios y su justicia, y todas estas cosas [lo que necesitamos para nuestro sostén] les serán añadidas" (Mateo 6:33, NVI). Eso incluye la sanación emocional. Conforme sigas buscando al Señor, entrégale tu historia y permítele escribir el final. Él convertirá tu lamento en baile, y transformará tu vida para tu bien.

Sigue adelante

Puesto que vivimos en un mundo caído, experimentaremos muchas angustias y dificultades en esta vida. Es inevitable. Dios juega un papel clave en cada una de nuestras historias desde el principio, pero es común cuestionar su papel cuando han abusado de nosotros sexualmente. Sin embargo, no hay que echarle la culpa a Dios por el abuso sufrido. Él es bueno, y sus planes consisten en darte una esperanza y un futuro.

Independientemente de lo que puedas sentir respecto a Dios, sus sentimientos por ti no han variado jamás ni por un segundo. Dios conoce tu historia, y sufre contigo. Su amor por ti es incondicional y puede transformar tu vida. Cuando recibes ese amor, descubrirás el papel de Dios en tu historia, y la libertad y sanación que buscas.

"Porque Yo sé los planes que tengo para ustedes",
declara el SEÑOR "planes de bienestar y no de
calamidad, para darles un futuro y una esperanza".
—JEREMÍAS 29:11 (NBLH)

AUNQUE TAL VEZ NO podamos entender por completo por qué Dios no impidió el abuso sexual que experimentamos, solo necesitamos considerar su carácter para obtener las respuestas. Querido(a) amigo(a), Dios es bueno, y sus planes también. Independientemente de tu pasado o de las cosas que has hecho, Dios te ama. Su amor es incondicional y sacrificial, y cuando crees en ese amor y lo recibes por medio de Cristo Jesús, Dios transformará tu vida en algo hermoso. ¡Cree y recíbelo!

Ora. Señor, gracias por amarme a pesar de mi pecado y de las heridas del abuso. Gracias por llevar mi castigo y hacer por mí aquello que yo no podía. Ayúdame a ver las veces que has estado conmigo en el pasado y abre mis ojos para ver tu mano en mi vida hoy. Te lo entrego todo a ti, Señor. En el nombre de Jesús te lo pido, amén.

Lee. "Sin embargo, yo confío en que veré la bondad del SEÑOR mientras estoy aquí, en la tierra de los vivientes" (Salmo 27:13, NTV); "Pero benditos son los que confían en el SEÑOR y han hecho que el Señor sea su esperanza y confianza. Son como árboles plantados junto a la ribera de un río con raíces que se hunden en las aguas…" (Jeremías 17:7-9, NTV). Lee además: Salmo 27; Jeremias 1:5; Efesios 1:5; 1 Juan 1:2. (Ver páginas 148 y 149).

Al leer los versículos de esta página, o de este capítulo, ¿cuáles te impresionan más y por qué?

____

____

Documenta tu viaje. Cuando hagas tus apuntes en tu diario esta semana, documenta esas ocasiones en que reconoces la mano de Dios en tu vida, sobre todo durante las circunstancias del abuso. Tal vez recibiste aliento en un momento clave, o amabilidad por parte de un amigo. Quizás recuerdes cuando conociste a Jesús por primera vez y cómo esa relación finalmente cambió la trayectoria de tu vida. Documenta tus descubrimientos en tu "diario de la verdad".

Desarrolla un corazón agradecido. Tómate el tiempo necesario para identificar las bendiciones que Dios ya ha traído a tu vida. Puede ser que te haya restaurado de alguna manera o que haya producido sanación en un área específica de tu vida. Dale las gracias por lo que Él ya ha hecho y lo que sigue haciendo en tu viaje hacia la sanación.

Capítulo siete

PASO 5: Perdona y déjalo ir

> Si perdonas a los que pecan contra ti,
> tu Padre celestial te perdonará a ti.
> —Mateo 6:14 (ntv)

El camino al perdón es una senda muy trillada por la que todos viajamos en momentos distintos de nuestra vida. Al vivir en un mundo caído, nos herirán y nos ofenderán, y quizás estas ofensas las recibamos a diario. Aunque perdonar a nuestros agresores puede ser difícil, es un paso fundamental en nuestro viaje hacia la sanación.

Todos lo hemos pensado en algún momento: perdonar a nuestros agresores no parece muy justo, ¿verdad? Sentimos como si los estuviéramos dejando salirse con la suya. Ahí están, libres para vivir felices, mientras que nosotros seguimos aquí recuperándonos del daño que ellos nos han hecho. Sencillamente no parece justo, ¿no es así?

Sin embargo, he llegado a entender que el perdón es la mejor medicina para el alma herida. Puedo asegurarte que, aparte de aceptar a Jesucristo en nuestros corazones, perdonar es lo mejor que podemos hacer por nuestra propia curación como sobrevivientes del abuso sexual.

Dios quiere que perdonemos a otros, como hemos sido perdonados. Tampoco especifica quiénes son esos "otros". No podemos elegir quién o qué es perdonable (el abuso sexual incluido), porque Dios deja claro que el perdón por nuestros pecados (todos y cada uno de ellos) depende de nuestra decisión de perdonar a otros cuando pecan contra nosotros. No se trata de lo que sentimos, sino de lo que elegimos.

Jesús enseñó: "Si perdonas a los que pecan contra ti, tu Padre celestial te perdonará a ti" (Mateo 6:14, ntv). Colosenses 3:13 se hace eco de esta verdad: "Sean comprensivos con las faltas de los demás y perdonen a todo el que los ofenda. Recuerden que el Señor los perdonó a ustedes, así que ustedes deben perdonar a otros" (ntv).

Si eres como yo, tienes algunas preguntas: ¿Qué hay de las víctimas de la violencia sexual? ¿Tienen que perdonar a sus agresores? ¿Acaso no le importa a Dios lo que nos hicieron? ¿No ve Dios el dolor que causaron y el daño que han hecho? ¿Es justo que nos exija perdonarlos?

La simple respuesta es sí, sí y sí. He aquí el porqué: Dios sabe qué pasó y a Él le duele mucho. Él ve nuestro dolor y se lamenta junto con nosotros por nuestras circunstancias. Sin embargo, nos dice que perdonemos a otros, ya que nosotros hemos sido perdonados.

No obstante, quiero aclarar que existe una diferencia entre extender el perdón a alguien y restaurar una relación. Que podamos perdonar a nuestros agresores no significa que olvidaremos su ofensa. Te ruego que oigas mi corazón; no estoy sugiriendo que hagas las paces con tu agresor. Se ha cometido un crimen y, cuando sea posible, deberíamos buscar la justicia a través de las autoridades locales y la aplicación de la ley, y obrar con gran cautela en cualquier relación que en estos momentos tengamos con nuestros agresores. Comprendo que la situación de cada uno es única, y que no siempre es sencillo.

Perdonar significa liberar a alguien de la deuda que tiene contigo. Ahora bien, esto tiene que ver con las leyes espirituales y no con las leyes de los hombres. Dios no está sugiriendo que aceptemos a nuestros ofensores y que los dejemos libres de castigo por los crímenes cometidos contra nosotros. Sigue habiendo consecuencias naturales por las malas acciones. Él está diciendo que necesitamos liberarlos de lo que nos deben, en un nivel personal, si queremos que Él haga lo mismo por nosotros.

¿Cómo se libera a alguien de su deuda contigo? Significa dejar de llevar la cuenta. En nuestra cultura actual, una deuda es una obligación, un compromiso o una factura. Implica llevar una cuenta. Si eres como yo, has llevado una tarjeta de puntuación interna a lo largo de los años, manteniendo un cuidadoso registro de las ofensas que han cometido contra ti. Es agotador, ¿verdad? Dios quiere que dejemos a un lado el recuento, que desechemos el libro de registros, que cambiemos de enfoque y nos centremos en su amor.

La verdad es que hemos cometido nuestros propios errores; hemos pecado contra Dios en diferentes momentos de nuestra vida. Necesitamos su misericordia y Él nos la ha extendido gratuitamente una y otra vez. Debemos hacer lo mismo con los demás (con todos ellos). Cuando actuamos así, nos liberamos de la esclavitud de la amargura que puede arraigarse, y lo hará, en nuestra vida si la dejamos, provocando todo tipo de problemas para nosotros en lo relacional, lo espiritual, lo emocional y hasta en lo físico.

Cuando no perdonamos a otros por sus ofensas contra nosotros, nos volvemos resentidos, reviviendo constantemente el mal que nos han causado. El resentimiento es como un veneno para el alma, y nos amarga. Esa amargura nos corroe hasta convertirnos en unos cínicos hostiles que buscan venganza. Cuando elegimos

Rabia
Amargura
no Perdonar
Rencor
Dolor
Esperanza
Perdonar,
Amor
paz
Gozo
Libertad

perdonar a los demás, nos liberamos del agarre que tienen sobre nosotros, y abrimos la puerta para que Dios realice su obra redentora en nuestra vida.

Creo que necesitamos la ayuda de Dios para perdonar a otros las ofensas cometidas contra nosotros, sobre todo el abuso sexual. Tenemos que pedirle que ablande nuestro corazón y prepare el camino para que demos este paso fundamental. Tal vez no seas consciente de ello en este momento, pero Dios está haciendo esto por ti. Incluso ahora, mientras lees este libro y procesas tu historia, Dios está preparando tu corazón para la obra sanadora del perdón.

El perdón es fundamental para sanar

Muy pocas víctimas del abuso sexual oirán a su agresor admitir lo que ha hecho y, mucho menos, recibirán una disculpa por ello, pero el acto del perdón no depende de esto. Es posible que nuestro agresor no reconozca nunca su ofensa, y menos aún que presente una disculpa, pero aún así Dios nos llama a perdonar.

Existen muchos puntos de vista acerca del perdón. Sin embargo, pastores, profesores de seminario, consejeros profesionales y hasta filósofos de la nueva era, todos ellos concuerdan en que el perdón conduce a la curación. Todos lo fomentan como medio para vivir en paz con uno mismo.

Sin embargo, algunas escuelas de pensamiento sugieren que una víctima de abuso sexual, o de violación, está exenta de la necesidad de perdonar a su agresor. Luego de reflexionar extensamente sobre cómo podría alguien apoyar la postura de no perdonar, llegué a la conclusión de que debe de haber una falta de entendimiento respecto a lo que es el perdón en realidad. ¿Por qué sugeriría algo así alguien que conociera sus beneficios?

El diccionario de la Real Academia Española define el perdón de un modo muy parecido a como lo hace la Biblia. Afirma que *perdonar* es: "Dicho de quien ha sido perjudicado por ello: Remitir la deuda, ofensa, falta, delito u otra cosa".[1]

A lo largo del Antiguo y el Nuevo Testamento se describe el pecado varias veces como una deuda, y Romanos 6:23 declara que "la paga que deja el pecado es la muerte" (NTV). Esto significa, fundamentalmente, que a causa de nuestro pecado le debemos a Dios nuestra propia vida; estamos *endeudados* con Él por cada pecado que hemos cometido.

En el Antiguo Testamento, Dios estableció un sistema de sacrificio de sangre animal para enfatizar el peso de nuestro pecado. Sin embargo, estos sacrificios no resolvieron realmente el problema del pecado. Solo presagiaron la solución real y definitiva. La deuda de nuestro pecado solo podía pagarse mediante un sacrificio de sangre, y no de cualquiera, sino la de un cordero sin mancha.

Jesús es ese cordero sin mancha. Él fue rechazado, falsamente acusado, golpeado, humillado, atacado y, al final, ejecutado de la forma más horrenda; aun así, lo soportó todo de buen grado solo por abrirnos el camino para recibir el perdón por *nuestros* pecados. Voluntaria y amorosamente ocupó nuestro lugar y cargó con nuestro castigo.

Jesús afirmó: "Si perdonas a los que pecan contra ti, tu Padre celestial te perdonará a ti; pero si te niegas a perdonar a los demás, tu Padre no perdonará tus pecados" (Mateo 6:14-15, NTV). Esta es la esencia de por qué debemos perdonar a nuestros ofensores: para que podamos ser perdonados y porque lo hemos sido. Dios no solo perdona y elige olvidar la deuda que tenemos con Él, sino "[como] está de lejos el oriente del occidente, así alejó de nosotros nuestras transgresiones" (Salmo 103:12, NBLH).

Le debemos nuestra vida, pero Él nos libera de esa deuda, escogiendo actuar hacia nosotros como si no le debiéramos nada. *Así* es el perdón: significa perdonar a otros hasta el punto en que, literalmente, no nos deben nada. Dios no se aferra a las ofensas, y este es el ejemplo que nos da para que nosotros lo sigamos en nuestros tratos con los demás.

Es fácil agarrarse a ciertos recuerdos dolorosos, aunque solo sea un medio de protección para no convertirnos de nuevo en víctimas. Aferrarnos a una ofensa puede proporcionarnos una sensación de control sobre nuestros ofensores, como si de alguna manera les hiciéramos pagar al guardar fresca en nuestra mente su ofensa. Existe el temor de que, si escogemos perdonar, de alguna manera estamos dejando a nuestros ofensores salirse con la suya. Puede parecer muy injusto.

Sin embargo, cuando elegimos no perdonarlos, sufrimos porque emocionalmente permanecemos prisioneros del dolor que han causado. Para poder liberarnos, debemos liberar a nuestro ofensor de la deuda que tiene con nosotros. No será fácil y habrá etapas, pero dar este paso básico conduce a la sanación.

El perdón es un proceso

El perdón es un proceso más que un suceso. Llega por etapas. Conforme vamos eliminando las capas de nuestras heridas, descubriremos algo nuevo que necesitábamos olvidar y dejar ir. Pueden transcurrir años antes de que comprendamos por completo la profundidad del daño provocado por el abuso sexual. Desde luego fue así en mi caso.

Dios tuvo que llevarme a través de una serie de acontecimientos antes de llegar al lugar del perdón. Tuvo que ablandar mi corazón y preparar el camino antes de que yo fuera capaz de recorrer el gastado camino y perdonar a mi madre de verdad.

Su traición dejó una profunda herida. Yo amaba a mi mamá, y quería que tuviéramos una relación saludable, que reinara la paz entre nosotras, pero era muy difícil dejar atrás el dolor que sentía.

Mi resentimiento se volvió más evidente el año en que mi hija mayor alcanzó su décimo cumpleaños y nació la más pequeña. Estaba experimentando por mí misma lo que significaba ser madre y esposa. Estaba llegando a entender la profundidad de la traición que tuvo lugar en el hogar de mi infancia, y esto me enojaba mucho.

Cuando mi hija menor era pequeña, su parecido conmigo en las fotos de mi infancia era extraordinario. Recuerdo un día, cuando ella tenía unos nueve años, que yo la observaba bailar, vestida con unos de sus atuendos favoritos. En ese momento me golpeó una revelación: yo tenía su edad cuando empezó el abuso.

Verla jugar aquel día, de forma tan despreocupada e inocente, hizo que mi corazón se hundiera. Recuerdo que retuve lo que parecía un diluvio de lágrimas que amenazaban con derramarse en cualquier momento. Me senté allí, en silencio, mirándola, mientras por dentro lamentaba la pérdida de la inocencia en mi infancia.

Al mismo tiempo, tenía paz en mi corazón. Dios había abierto un camino para romper el ciclo de vergüenza en mi familia. Gracias a Él, yo podía sentarme allí y disfrutar contemplando cómo aquella dulce niña se deleitaba inocentemente en su niñez. Ella tenía un papá que jamás le haría daño y una madre que mataría por protegerla. Tampoco exagero en este último punto. ¡Que Dios me ayude!

Como he compartido contigo, Dios tuvo que llevarme por una serie de sucesos para conducirme a un lugar en el que yo pudiera ocuparme de las heridas que me habían causado mi padrastro y mi madre. Esto llevó tiempo y ocurrió por etapas. A veces yo daba unos pasos adelante, y otras veces, hacia atrás. Tuve que llegar a un entendimiento de la misericordia y del amor de Dios por mí, antes de poder extender lo mismo a mis ofensores.

Esto es cierto para ti también.

A lo largo de los años, llené muchos diarios y escribí varias "cartas de enojo" (sin saber lo que estaba haciendo realmente). Oré pidiendo la ayuda de Dios para vencer mi enojo, para identificar de dónde procedía, y por qué. Dios, en su perfecto tiempo y manera, acabó abriendo la puerta para que yo pudiera airear mi dolor con mi madre y finalmente perdonarla de verdad.

El perdón conduce a la restauración

El mundo nos enseña, desde que somos pequeños, a buscar nuestros propios intereses. Si alguien nos golpea, deberíamos devolver el golpe. Todo gira en torno a ajustar cuentas y a repartir el castigo que creemos que nuestros ofensores merecen o buscar una retribución por nuestro sufrimiento.

La verdad es que no tenemos la capacidad de hacer que un agresor sexual nos restituya el daño que nos ha hecho, hagamos lo que hagamos. Sencillamente, es demasiado grave. No podemos ser el juez y el jurado de nuestro propio caso de abuso, y esto es probablemente lo mejor para todos los implicados. Dejados a merced de nuestras frágiles emociones, con toda seguridad haríamos la situación más complicada. Solo Dios puede producir la verdadera justicia y hacerlo de un modo que produzca sanación y restauración.

No estoy sugiriendo que no se deban tomar medidas para que se haga justicia en toda la extensión de la ley, cuando sea posible. Esto es un hecho. Sin embargo, Dios es justo y podemos confiar en Él, más que en ningún otro, para poner las cosas en su lugar.

Dios nos ama y aunque sea difícil comprenderlo y, en ocasiones, aceptarlo, también ama a nuestro ofensor. Dios pagó por todos nuestros pecados mediante el sacrificio de su único Hijo, Jesús, y desea que todos encontremos en Él nuestro camino. Él es fiel y justo en ocuparse de todos los asuntos que preocupan a sus hijos, y lo hará a su manera perfecta en el momento adecuado.

Cuando depositamos nuestra esperanza en Cristo, Dios promete devolvernos el doble de lo que nos han quitado y de lo que hemos renunciado debido a nuestro propio pecado. La Biblia se refiere a esto como "recompensa". Isaías 61:7-8 declara:

> En vez de su vergüenza, mi pueblo recibirá doble porción, en vez de deshonra, se regocijará en su herencia; y así en su tierra recibirá doble herencia, y su alegría será eterna. «Yo soy el Señor, amo la justicia, pero odio el robo y la iniquidad. En mi fidelidad los recompensaré y haré con ellos un pacto eterno» (NVI).

En este pasaje, Dios está hablando de traer restauración a Israel, que había regresado de la cautividad en una tierra extranjera. No obstante, se aplica a todo aquel que ha sido salvo por gracia. Es la promesa de restauración de Dios para cada uno de nosotros.

He visto realizarse esta promesa divina una y otra vez en mi propia vida. Una porción relevante de mi infancia se perdió por culpa del abuso que ocurrió a lo largo de varios años. Fue un periodo crítico de desarrollo para mí, espiritual, mental y físicamente.

Por culpa del abuso, muy pronto me vi en un camino de autodestrucción. Más adelante en la vida, llegaría a comprender la profundidad del daño perpetrado. Mi quebranto infectó mi matrimonio, mi familia, mis amigas, las interacciones con mis hijos y mi capacidad de confiar en los demás.

Sin embargo, Dios cumplió su promesa de Isaías 61:7-8.

Después de entregarle mi vida por completo a Cristo, las cosas empezaron a cambiar. Dios trajo a mi esposo Wes a mi vida durante mi segundo año en la universidad. Su preciosa familia me dio vida y fue el ejemplo de amor y de valores familiares que yo necesitaba ver.

Reviví la infancia perdida en la vida de mis propios hijos. Pude asegurarme de que crecieran en un entorno más sano, y esto tuvo un importante papel a la hora de romper el ciclo de vergüenza. Durante muchos años, Dios llenó mis días de momentos felices con mi hija mayor, Gabby, y de pequeñas notas de amor de la pequeña, Victoria, a quien tuve el privilegio de educar en casa a lo largo de la mayor parte de su infancia. ¡Dios utilizó aquellos preciosos momentos con ellas para restaurar una buena parte de lo que me había sido arrebatado de niña!

Al haber abusado de mí una figura paterna, he luchado con una profunda desconfianza hacia los hombres en general. Criar a mi hijo, Isaac, lo ha cambiado. Es un muchacho amable y bueno, y quiere hacer lo correcto. Ser su madre me ha permitido ver la bondad en los hombres, a través de su bondadoso corazón.

Finalmente, a través de mi matrimonio con Wes, Dios ha sanado mi quebranto como mujer y me ha restaurado a través del poder de la intimidad. Me ha dado a un buen hombre que me ama de manera incondicional, que ora por nuestra familia, que me alienta a dedicarme a lo que me apasiona, y en quien puedo confiar con todo mi corazón.

Mi matrimonio no es perfecto, por supuesto. Como la mayoría de las parejas, tenemos nuestras peleas. Sin embargo, Dios ha usado a mi dulce esposo por más de veinte años para bendecirme más allá de toda medida.

No me resultaría difícil seguir y seguir con esto, pero no lo haré. La idea es que sé que Dios mantendrá su promesa de compensar las cosas que sufrimos en esta vida, porque lo ha hecho una y otra vez. No cabe duda de que lo hará también para ti, conforme sigues confiando en Él, durante el viaje que tienes por delante.

Déjalo ir y vive

Sencillamente, no fuimos creados para llevar solos nuestras cargas. No forma parte del diseño de Dios. Él anhela que dependamos solo de Él y de su fuerza. Jesús promete: "Vengan a mí, todos los que están cansados y cargados, y yo los haré descansar" (Mateo 11:28, NBLH). El autor del Salmo 55 nos asegura: "Echa sobre el SEÑOR tu carga, y Él te sustentará; Él nunca permitirá que el justo sea sacudido" (v. 22, NBLH).

Cuando nos aferramos a nuestros resentimientos y seguimos alimentando nuestras heridas, nos robamos la extraordinaria vida que podríamos tener. Solo podemos aferrarnos al dolor durante un tiempo limitado. Al final, acabará desgastándonos y nos convertiremos en personas amargadas y desdichadas. Sin embargo, no tenemos por qué permanecer en ese oscuro lugar. Dios tiene un plan extraordinario para cada uno de nosotros. Él ha provisto la forma de disfrutar de una vida abundante por medio de Jesucristo (Juan 10:10).

Es hora de vendar esas heridas, reunir todos los recuerdos dolorosos y depositarlos bajo la autoridad de Jesucristo. Confía en Él para cuidar de ti y sanar tu quebranto. Ríndelo todo a Él, a los pies de la cruz, y permítele hacer su obra redentora en tu vida.

Quema tu lista

Me gustaría hacer un ejercicio contigo para ayudarte a dar este importante paso y marcarlo como momento crucial en tu viaje hacia la sanación. Tan solo te llevará unos pocos minutos, y puedes hacerlo desde la comodidad de tu hogar.

Busca una hoja de papel y algo con que escribir. En un capítulo anterior expliqué la necesidad de que reconozcas lo que se te ha robado y de identificar el daño causado por el abuso. Tal vez tengas ya una lista mental de estas cosas, y espero que hayas aprovechado la oportunidad para anotarlas en tu diario. Si no es así, tómate un momento para pensar en tu lista.

¿Qué parte de tu herida te duele aún? ¿Hay algo que no has sido capaz de perdonar? ¿Necesitas tú pedir perdón por algo? Anota cualquier cosa que te viene a la mente. Esto incluye todas las heridas —los sentimientos de inutilidad, culpa y vergüenza—, todas. Lo que hayas escrito representará tu "lista de cosas para quemar", esas que necesitas entregar y dejar ir.

Llevaremos esta lista a los pies de la cruz y se lo entregaremos todo a Dios en oración. Quiero que te quedes a solas con Dios en tu corazón. Haz todo lo necesario para centrarte en este intercambio tan importante.

Una vez centrada tu atención por completo en este momento tan importante, usa estas palabras como guía para entregar tu lista a Dios:

Señor, tú eres el Dios de paz, el único que puede sanar estas heridas y restaurar mi vida. Te entrego mi "lista de cosas para quemar". Deposito a tus pies todas las ofensas, circunstancias, heridas, pérdidas y pecados de una vez por todas. Ya no puedo llevar más estas cargas. Te ruego que me perdones por mis pecados y que me ayudes a perdonar a otros. Desde ahora en adelante, confío en que me ayudarás a hacer lo correcto. Gracias por la obra que estás haciendo y la que ya has realizado en mi vida. En tu nombre soberano te lo pido, amén.

Dolor
Amargura
Culpa
Abuso
Vergüenza
Rabia

Señala este momento de tal manera que no lo olvides nunca. Es el día en que has dicho "Ya no voy a llevar más estas cargas. Las dejo ir todas, y confío en Dios". Una vez satisfecho por haber entregado tu lista, quémala.

Sí, quémala.

Luego anota esta fecha en tu "diario de la verdad" para que puedas recordar con facilidad el día en que se lo entregaste todo a Jesús. Cuando sientas la necesidad de volver a llevar estas cargas —y la sentirás—, simplemente acuérdate: "Todo está perdonado, gracias al sacrificio de Jesús, ya yo no tengo que cargar con ellas".

Sigue adelante

Muchos de nosotros no sabemos lo que es mirar atrás a nuestra infancia y no sentir temor o repugnancia. Abusaron de nuestra confianza y la rompieron. Nos robaron la inocencia. Las relaciones se cortaron o se vieron afectadas negativamente. De estas dolorosas realidades surge un torrente de emociones y en nuestro interior se establece un profundo quebranto. Estos asuntos son complejos y desalentadores cuando luchamos solos, e incluso con ayuda profesional.

Al digerir este capítulo y procesar todo lo que he compartido, ruego que Dios prepare tu corazón para que le entregues a Él tus heridas y perdones a tus agresores. Cada uno procesa las heridas emocionales a un ritmo diferente y puedes descubrir que este proceso toma tiempo. Está bien. La clave está en ser intencional al respecto y seguir avanzando a pesar de cómo te *sientas*.

Sé que esta puede ser una de las partes más difíciles del viaje para ti, pero mi oración es que lo lleves a cabo por tu bien. Te insto a que invites a Jesús para que esté en el centro de este proceso. Pídele que te ayude a perdonar y que te dé la determinación y la fuerza de hacerlo hasta el final.

Querido(a) amigo(a), para liberarse del dolor del pasado es necesario soltar el peso de la amargura y el resentimiento. Perdonar a nuestro agresor es un paso fundamental en nuestro viaje hacia la sanación. Cuando de verdad liberamos a los demás de sus ofensas contra nosotros —incluso de unas ofensas tan viles como el abuso sexual— quedamos libres nosotros de la esclavitud de la amargura y le permitimos a Dios hacer su obra redentora en nuestra vida.

Entiendo lo difícil que es dar este paso y las luchas que implica. Por eso, quiero cerrar este capítulo con una oración especial por ti.

Abba Padre, sé que tú ves sus heridas y conoces su historia. Tú entiendes el dolor que está sintiendo en su interior y las cargas que ha llevado durante tanto tiempo. Mi oración es que hoy lo rodees con tu presencia amorosa y hables a su corazón y le muestres aquello que debe dejar ir y cómo entregarte

---

Abba: Palabra hebrea que significa "papá". Jesús la usó cuando se dirigió a su Padre, y los cristianos la usaban cuando se dirigían a Dios en oración (Marcos 14.36; Romanos 8.15; Gálatas 4.6).

sus heridas. Tú eres un Dios justo que ama la justicia. Tú pondrás en orden todas las cosas, en tu tiempo y a tu manera perfecta. Te suplico que hoy le des la confianza de que así será. Dale una paz que sobrepase todo conocimiento y la sabiduría de escoger el perdón. Te lo pido en el nombre de Jesús, amén.

Si perdonas a los que pecan contra ti,
tu Padre celestial te perdonará a ti.
—MATEO 6:14 (NTV)

DIOS, EN SU PERFECTA SABIDURÍA, diseñó el perdón para que cuando escojamos esa senda, todos ganen. Cuando alguien nos ha herido profundamente, tiene poder sobre nosotros. Cuando no perdonamos, le damos el control emocional y espiritual sobre nosotros. Sin embargo, cuando perdonamos, quedamos libres para experimentar la obra redentora de Dios en nuestra vida.

Ora. Abba Padre, gracias por enviar a tu Hijo, Jesús, a morir en la cruz por mis pecados para que yo pueda ser perdonado. Sé que me llamas a perdonar a los demás del mismo modo en que tú me has perdonado a mí, pero necesito tu ayuda. Sé que para sanar necesito perdonar a ________________, y dejar ir toda esta amargura y resentimiento. Te ruego que me des la gracia y el valor de llevarlo a cabo. Pongo todo esto a tus pies, Señor, y te lo entrego a ti. Haz que mis palabras se hagan realidad en mi corazón. En el nombre de Jesús, amén.

Lee. "El amor es paciente y bondadoso. El amor no es celoso ni fanfarrón ni orgulloso… ni lleva un registro de las ofensas recibidas…" (1 Corintios 13:4-6, NTV); "… sean amables unos con otros, sean de buen corazón, y perdónense unos a otros, tal como Dios los ha perdonado a ustedes por medio de Cristo" (Efesios 4:31-32, NTV). Lee además: Mateo 18:21-35; Hechos 3:19-20. (Ver páginas 150 y 151).

Al leer los versículos de esta página, o de este capítulo, ¿cuáles te impresionan más y por qué?

____

____

Documenta tu viaje. Te insto a pedirle a Dios que revele cualquier falta de perdón en tu corazón. Pídele que te ayude a perdonar y a soltarlo todo. Tómate tiempo para escribir tu "lista de cosas para quemar", esas que necesitas dejar a un lado y soltar. Si estás estudiando este libro en grupo, considera organizar un tiempo especial para que todos quemen juntos sus listas. Documenta cualquier descubrimiento en tu "diario de la verdad".

Desarrolla un corazón agradecido. Dios promete restauración. Piensa en las áreas de tu vida en las que Dios haya cumplido ya su promesa. Tal vez tenga que ver con tus hijos, tu cónyuge o tus nietos. Quizás te haya bendecido económicamente. Anota estas bendiciones en tu "diario de la verdad" y dale las gracias a Dios por lo que ha hecho. Convierte en una práctica el reconocer a diario las bendiciones de Dios. Esto cambiará tu vida.

PASO 6: Descubre tu verdadera identidad

> Porque Tú formaste mis entrañas; me hiciste en el
> seno de mi madre. Te daré gracias, porque asombrosa y
> maravillosamente he sido hecho; maravillosas son Tus
> obras, y mi alma lo sabe muy bien.
> —Salmo 139:13-14 (NBLH)

Recuerdo que era muy niña en aquella época: alrededor de los seis o siete años (o quizás menos). Mi madre y yo fuimos a visitar a un hombre al juzgado. Ella me dijo que su nuevo marido me iba a adoptar, y me preguntó si me gustaría. Sin saber con exactitud lo que aquello significaba, debí decir que sí.

El hombre del tribunal me hizo preguntas sobre el nuevo marido de mi madre: si me gustaba, si era bueno conmigo, etc. Me explicó que ese hombre quería adoptarme. Aunque aquello pasó hace muchos años, recuerdo con claridad que me preguntó si estaba de acuerdo… si yo quería que ese hombre fuera mi nuevo papá.

Recuerdo haber pensado, *¿Por qué no puedo quedarme con el anterior?*

Yo era demasiado joven para entender lo que estaba sucediendo o incluso para ser capaz de responder a su pregunta con algo de convicción. Solo dije que sí, porque sabía que era la respuesta que mi madre deseaba.

No logro recordar las conversaciones que siguieron o cualquier detalle más allá de lo que he compartido aquí, pero recuerdo esa horrible sensación de sentirme perdida. Yo estaba allí, por supuesto, pero ya no era Crystal Solomon. Me había convertido en Crystal Swartout, al menos es lo que afirmaba mi nuevo certificado de nacimiento, y sigue así hasta el día de hoy.

¿Crystal Swartout? ¿Quién es ella?

Aquel día, algo cambió dentro de mí y en mi alma se clavó una terrible mentira. *¿Mi padre había cedido su derecho legal sobre mí? ¿Por qué?* Aunque yo era demasiado joven para comprender sus razones, lo único que puedo recordar es haber pensado lo fácil que parecía ser para todos los implicados. Era como si yo no tuviera ningún valor real, como si nadie me quisiera. El abuso que tuvo lugar más tarde, en mi infancia, contribuyó aun más a esos sentimientos de inutilidad.

Tal vez hayas tenido una experiencia similar, o estés luchando con tu identidad o autoestima por otras razones. Quizás el abuso sufrido en el pasado haya echado a perder tu identidad y te sientas perdido. Querido(a) amigo(a), Dios te ve. Él te conoce y tiene la última palabra sobre tu valía.

Él sabe exactamente quiénes somos, porque Él nos creó. Somos su posesión especial (1 Pedro 2:9), y ha fijado nuestro valor como "inestimable", al declarar que somos dignos de que Jesús muriera por nosotros (Juan 3:16). *Nada* puede cambiar jamás estas verdades: ni siquiera la herida del abuso sexual.

Abandona las falsas creencias

Es bastante común tener creencias equivocadas debido a ciertas cosas negativas que se nos dijeron sobre nosotros mismos cuando éramos pequeños, o que hemos percibido a causa de lo que nos sucedió. Del mismo modo podemos llegar a ciertas conclusiones a partir de las palabras que *no* se nos dijeron o de las cosas que *deberían haber* hecho por nosotros, pero no las hicieron.

Sufrir el abuso no es la única causa de un sentido dañado de la autoestima. Las palabras que quedan sin decir a lo largo de extensos periodos de tiempo, como "te quiero" o "lo siento", contribuyen a la mentira de que no tenemos valor real. Añade a esto que un padre, madre o tutor no responda de manera adecuada tras descubrir que han abusado de nosotros y nos quedará una impresión aún más profunda de que no valemos para nada.

Estas mentiras se arraigan en nuestra alma y nos llevan a malas elecciones basadas en un sentido de autoestima falso. Podríamos entablar relaciones abusivas que solo afirman nuestros sentimientos de no valer nada. También podríamos participar en actividades arriesgadas porque no vemos el motivo para ser precavidos o prudentes respecto a nuestra salud o bienestar.

Sobre todo, la mentira de que somos inútiles produce otras falsedades en nuestro corazón. Nos convence de que no podemos hacer nada de valor y que no vale la pena esforzarse. En realidad, ¿para qué seguir viviendo?

¿Te suena familiar algo de esto?

Creer la mentira de que somos inútiles puede causar graves problemas en todos los ámbitos de nuestra vida: en las relaciones, en nuestra economía, en nuestra condición de padres, en el cuidado personal, etc. Puede paralizarnos y apartarnos de la vida que Dios quiere para nosotros. Si queremos sanar, es importante separar las mentiras de la verdad, y aprender a escuchar la voz de Dios por encima de todas las demás.

Entiende tu valía

Muchos sobrevivientes del abuso sexual, incluida yo, han lidiado con el tema de la autoestima. Durante años, pensé en mí como en un objeto usado, sucio e inútil. Tardé mucho en descubrir la verdad de quién soy y de dónde procede realmente mi valía.

Tenía un sentido tan bajo de mi propia autoestima y una falta de entendimiento tan grande respecto al amor de Dios que cometí muchos errores desde muy temprana edad. Mi falta de autoestima hizo que me cuestionara el amor y la lealtad de las amigas, de mi marido, de los miembros de mi familia y, en ocasiones, hasta de mis propios hijos. Sobre todo, me impidió tener una estrecha relación con Dios.

A menudo pensaba cosas como: *No valgo nada, soy indecente, no soy lo bastante buena, mi pecado es demasiado grande, me he alejado demasiado de la gracia.*

¿Te resulta familiar algo de esto?

Cuando no nos sentimos valorados, tendemos a no valorarnos. Esto se manifiesta en nuestras relaciones con los demás. Cuando no nos amamos ni nos valoramos, nos cuesta recibir el amor de otras personas, incluido Dios.

Podemos sentir que no somos lo suficientemente buenos y, para compensarlo, llegamos a pensar que tenemos que encontrar una forma de conseguir la aprobación de los demás, y hasta de Dios. En esta búsqueda improductiva podemos perder años de vida, pero Dios siempre nos acepta tal como somos, con todas nuestras imperfecciones. Él no espera que resolvamos todas las cosas antes de decidir amarnos, y ya lo demostró a través de su regalo de salvación en Jesucristo (Romanos 5:8).

Nuestra valía no queda definida por nuestras circunstancias. Sí, abusaron de nosotros y eso perjudicó nuestra autoestima; pero, independientemente de lo que sucediera, *nada* puede disminuir el amor de Dios por nosotros. La Biblia afirma que "ni la muerte, ni la vida, ni ángeles, ni principados, ni lo presente, ni lo por venir, ni los poderes, ni lo alto, ni lo profundo, ni ninguna otra cosa creada nos podrá separar del amor de Dios que es en Cristo Jesús Señor nuestro" (Romanos 8:38-39, NBLH).

Dios nos ama muchísimo, y nada puede cambiar esto a pesar de lo que nos hayan dicho o de lo que hayamos llegado a creer. Tanto nos ama que sacrificó a su Hijo unigénito, Jesús, por nosotros. Jamás podríamos esperar alcanzar un valor mayor que este.

Tener un sentido torcido de la autoestima puede provocar todo tipo de problemas en nuestra vida. Hasta que no llegamos a comprender quiénes somos en Cristo no podemos empezar, finalmente, a vernos a través de los ojos de Dios y restablecer el sentido de nuestro valor.

El mundo declara que somos "alguien" si encajamos en *esta* talla, si tenemos *ese* auto, *este* trabajo, *ese* modelo de peinado, si vivimos en *aquel* barrio, si procedemos de *este* tipo de familia, etc. Dios no considera nada de esto. Sencillamente declara:

Declaraciones de valor personal

Dios me hizo y soy una creación admirable.

Dios me creó a su imagen y semejanza.

Dios me ama profundamente.

En Cristo recibo la justicia de Dios.

Dios me creó para un propósito concreto.

Soy un tesoro especial para Dios.

Tengo valor para Jesús porque Él murió por mí.

Tú eres mío. Es hora de destruir la opinión del mundo acerca de nuestra valía y conseguir la visión de Dios respecto a quienes somos en realidad.

Para descubrir nuestra verdadera identidad debemos aprender a vernos con los ojos de Dios. Aunque millones de libros hablan de la esperanza de descubrir la identidad propia, solo hay una fuente que lo define con exactitud: la Palabra de Dios. Te voy a guiar por algunas enseñanzas clave de la Biblia que me han ayudado en mi viaje hacia la sanación. Estas verdades no son más que una guía; en última instancia, lo que espero es que te sumerjas en las profundidades y descubras por ti mismo la Palabra de Dios.

Independientemente de lo que te hayan dicho o de lo que tú hayas creído sobre ti mismo, a causa de las dolorosas circunstancias de tu pasado, considera las verdades siguientes. De hecho, léelas en voz alta. Existe gran poder en proclamar la Palabra de Dios sobre tu vida. Esta práctica transformará tu mente y fortalecerá tu corazón.

Yo las llamo "declaraciones de valor personal". También las encontrarás al final de este libro y puedes copiarlas para tu uso personal. Considera ponerlas en un lugar donde las veas a diario. Te asombrará cómo estas sencillas verdades cambiarán tu perspectiva y te ayudarán a verte a través de los ojos de Dios.

Verdad #1: Dios me hizo y soy una creación admirable.

Dios nos creó a cada uno de nosotros de forma artesanal. Somos obras de arte originales, fabricadas por el Maestro. Esto es así, tanto si hemos depositado nuestra esperanza en Cristo como si no. Ser creyente o incrédulo no afecta nuestro origen. Fuimos creados *deliberadamente*, no somos producto del azar. Salmo 139:13-16 afirma esta maravillosa verdad:

> Porque Tú formaste mis entrañas; me hiciste en el seno de mi madre. Te daré gracias, porque asombrosa y maravillosamente he sido hecho; maravillosas son Tus obras, y mi alma lo sabe muy bien. No estaba oculto de Ti mi cuerpo, cuando en secreto fui formado, y entretejido en las profundidades de la tierra. Tus ojos vieron mi embrión, y en Tu libro se escribieron todos los días que me fueron dados, cuando *no existía* ni uno solo de ellos (NBLH).

Querido(a) amigo(a), Dios nos conoció antes incluso de que nuestros padres nos concibieran. Él sabía las historias de nuestra vida antes de que empezáramos a respirar: los altibajos, lo bueno y lo malo. Esto me habla de un modo tremendo, porque aunque mis padres escogieron quedarse conmigo y casarse a pesar de su inexperiencia adolescente, yo no formaba parte de sus planes originales. A sus ojos yo fui una especie de accidente feliz. Tal vez tú llegaste a este mundo de una forma similar y te sientes más como un inconveniente que como una bendición. No creas esa mentira. *Dios te hizo con un propósito.*

Verdad #2: Dios me creó a su imagen y semejanza.

Génesis 1:27 nos dice que "Dios creó a los seres humanos a su propia imagen. A imagen de Dios los creó; hombre y mujer los creó" (NTV). Fuimos creados para ser hermosos desde adentro hacia afuera. Dios es espíritu (Juan 4:24), no es un ser físico, de modo que nos creó a su semejanza dándonos un alma (Génesis 2:7). Esto nos aparta del resto de la creación y nos da la capacidad de comunicarnos con Él y cumplir su propósito supremo para nosotros.

Fuimos creados a su semejanza, no en un sentido físico, sino mental, moral y social. Quienes somos en nuestra esencia misma es hermoso, porque Dios sopló aliento de vida en nosotros. Has oído el dicho: "Lo que somos por dentro es lo que cuenta". Bueno, no podría ser más verdad. Dios impartió su libertad de pensamiento, su creatividad, su sentido de la justicia y su deseo de comunidad, cuando sopló aliento de vida en el hombre. El pecado distorsiona esta imagen de Dios en nosotros, pero queda restaurada cuando nos salvamos por su gracia.

Verdad #3: Dios me ama profundamente.

Romanos 5:8 enseña: "Pero Dios demuestra su amor por nosotros en esto: en que cuando todavía éramos pecadores, Cristo murió por nosotros" (NVI). Dios demostró su amor por medio del sacrificio de su Hijo Jesús. Si tienes hijos, puedes imaginar qué gran sacrificio fue y el nivel de amor que debe tener Dios por nosotros para llegar tan lejos a fin de reconciliarnos con Él.

Nuestra limitada imaginación humana no puede concebir la profundidad de su sacrificio, y mucho menos su gran amor por nosotros. Por mucho que yo *ame* a mis amigos, no sacrificaría a mis hijos por ellos. Imagino que tú sientes lo mismo. Ese tipo de amor supera nuestra capacidad humana. Sin embargo, es exactamente lo que Dios hizo. Reveló abiertamente su profundo amor por cada uno de nosotros cuando envió a su único Hijo, Jesucristo, a morir en la cruz por nosotros.

No esperó que lo amáramos primero ni pidió algo a cambio. Gratuita y amorosamente nos hizo su mejor regalo, el Mesías, *cuando todavía éramos pecadores.* Es una especie de amor loco que trasciende cualquier cosa que hayamos conocido en este mundo, o que pudiéramos conocer jamás. Cuando aceptamos y creemos en el amor de Dios por nosotros, experimentaremos paz respecto a nuestro pasado, gozo en nuestro corazón y una confianza y una autoestima recién descubiertas.

Verdad #4: En Cristo recibo la justicia de Dios.

"Al que no cometió pecado alguno, por nosotros Dios lo trató como pecador, para que en él recibiéramos la justicia de Dios" (2 Corintios 5:21, NVI). El término *justicia* en este pasaje significa ser hecho *aceptable* a Dios: ser hecho justo. Sin Jesús, no podemos estar bien con Dios; Él sigue amándonos y nada podría cambiar eso jamás, pero no podemos tener una relación con Él. Él no puede estar en la presencia del pecado, así como el aceite no puede mezclarse con el agua. Sin embargo, cuando aceptamos el regalo de Dios de la salvación por medio de Jesucristo, nuestros pecados son lavados y nos volvemos "aceptables" a Dios. Somos justificados por medio de Jesucristo.

Verdad #5: Dios me creó para un propósito concreto.

Considera Efesios 2:10: "Pues somos la obra maestra de Dios. Él nos creó de nuevo en Cristo Jesús, a fin de que hagamos las cosas buenas que preparó para nosotros tiempo atrás" (NTV). Nuestro enemigo quiere hacernos pensar que no importamos, que fuimos un error, que somos basura o alguna otra mentira que tenga que ver con nuestra valía. Sin embargo, la verdad es que Dios nos creó deliberadamente para su propósito, que es darle gloria en todo lo que decimos y hacemos.

Para cumplir nuestro propósito, Dios nos ha concedido a cada uno de nosotros diferentes dones, talentos y capacidades, que no son solo para nuestro beneficio, sino también para el de los demás (Romanos 12:5-8). Y, lo que es más, Dios no cambia de idea ni lo retira todo cuando fallamos o cometemos un error. Las promesas y los propósitos de Dios son irrevocables (Santiago 1:17). Nuestras malas acciones o nuestros defectos no pueden alterarlos.

Conforme vayas sanando, Dios revelará su propósito en ti. Tal vez llegues a entender que las heridas que has soportado son las cosas mismas que Él usa para cumplir su propósito para tu vida.

Verdad #6: Soy un tesoro especial para Dios.

En Deuteronomio 7:6 vemos que Dios escogió al pueblo de Israel y lo apartó para sí. Declaró: "Pues tú eres un pueblo santo porque perteneces al Señor tu Dios. De todos los pueblos de la tierra, el Señor tu Dios te eligió a ti para que seas su tesoro especial" (NTV). Dios ha hecho lo mismo por ti y por mí. Escogió salvarnos por gracia e incorporarnos a su familia. Efesios 1:4 declara: "Incluso antes de haber hecho el mundo, Dios nos amó y nos eligió en Cristo para que seamos santos e intachables a sus ojos" (NTV).

Somos su tesoro especial, no por algo que hayamos hecho, sino porque ese fue su deseo para nosotros. Por tanto, podemos depender de que Él suplirá todas nuestras necesidades (Filipenses 4:19), nos protegerá del mal (Salmo 121:7), y no nos dejará ni nos abandonará (Deuteronomio 31:6). Aunque nunca nos hayamos sentido valorados por alguien, podemos creer en su palabra. Él nos *escogió,* y somos su tesoro *especial.*

Verdad #7: Tengo valor para Jesús porque Él murió por mí.

Juan 3:16 afirma: "Pues Dios amó tanto al mundo que dio a su único Hijo, para que todo el que crea en él no se pierda, sino que tenga vida eterna" (NTV). No somos personas sin valor. Dios declaró nuestra valía cuando envió a su único Hijo, Jesús, a sufrir el castigo por nuestros pecados y morir en nuestro lugar. Y Jesús nos amó lo suficiente como para soportar la cruz gustosamente, por nuestro bien (Hebreos 12:2-3). "Nadie tiene un amor mayor que éste: que uno dé su vida por sus amigos" (Juan 15:13, NBLH). ¿Qué otra prueba de nuestra valía necesitamos?

Cuando depositamos nuestra esperanza en Jesucristo, nuestra identidad se vuelve muy clara: le pertenecemos a Dios. Nos convertimos en *sus* hijos, adoptados en *su* familia con todos los beneficios que eso conlleva. Ya no somos víctimas del abuso intentando sobrevivir; nos convertimos en hijos del Rey de reyes. ¡Cuando esa verdad se arraigue en nuestros corazones, floreceremos!

Nuestra identidad procede de *quien Dios es*, como Creador y Redentor nuestro, y de *lo que Él ha hecho* por nosotros. Como hemos visto antes, Dios nos creó a su propia imagen y sopló su aliento de vida en nosotros. Nos impartió su semejanza y su espíritu.

¡No está mal como herencia familiar!

Aparte de nuestra familia celestial, la Biblia nos señala que Dios nos entretejió, a propósito, en el vientre de nuestra madre (Salmo 139:13). Él conoce cada uno de nuestros pensamientos y lo que estamos haciendo en cualquier momento (139:2), y está familiarizado con todos nuestros caminos (139:3). Hasta conoce el número de cabellos que tenemos en la cabeza (Mateo 10:30). Dios nos conoce mejor que nuestros amigos más cercanos o los miembros de nuestra familia.

La Biblia también afirma que somos *escogidos* por Dios (Efesios 1:4). Creemos que nosotros lo escogemos a Él, pero es Él quien nos elige a nosotros primero. Cuando aceptamos el regalo de la gracia de Dios, nos convertimos en sus hijos, coherederos con Cristo (Romanos 8:17), y real sacerdocio (1 Pedro 2:9).

Piensa en todas estas cosas durante un momento. Deja que calen en lo profundo de tu alma. El Creador de los cielos y la tierra —de *todo el universo*— *te* define como suyo. Independientemente de lo que hayas creído hasta el momento sobre ti mismo, este conocimiento debería cambiarlo todo.

Tienes que descartar cualquier cosa que te hayan transmitido en el pasado acerca de tu valor como persona, si no se alinea con estas verdades. Déjalo ir. No permitas que una falsedad arraigue en tu alma y se convierta en tu realidad. Sustituye esos antiguos pensamientos con las declaraciones de Dios. Tú eres obra de sus manos, hecho a su imagen, profundamente amado y aceptado, justificado en Cristo, creado para un propósito, su tesoro especial y por quien vale la pena morir.

Ese eres tú. Es tu verdadera identidad.

Sigue adelante

Si escogemos creer que somos inútiles, viviremos como si no tuviéramos valor alguno. Sin embargo, si elegimos desafiar esa forma de pensar y aplicar la verdad de la Palabra de Dios a nuestra vida, podemos cambiar nuestro sentido del valor y descubrir quiénes somos en realidad.

Mi oración por ti es que llegues a saber cuánto te ama Dios. Que la verdad de su Palabra reemplace las mentiras que hasta ahora has creído, para que puedas verte cómo Él lo hace. Así, descubrirás tu verdadera identidad y empezarás a contemplar la vida que Dios quiere para ti.

A medida que sigues adelante en tu viaje hacia la sanación, estudia la Biblia para que puedas descubrir tu verdadera identidad por ti mismo. Pasa tiempo en oración, y pídele a Dios que te muestre cómo te ve Él y que te revele su plan para tu vida. Cuando sepas quién eres en Jesucristo, empezarás a vivir la vida que Él diseñó para ti.

> Te daré gracias, porque asombrosa y
> maravillosamente he sido hecho; maravillosas son
> Tus obras, y mi alma lo sabe muy bien.
> —Salmo 139:14 (NBLH)

Cuando escogemos creer falsedades respecto a nuestra valía, desarrollamos naturalmente un falso sistema de creencias. Este se convierte en la lente a través de la cual nos vemos a nosotros mismos y a los demás. Se convierte en nuestra identidad. Pero si desafiamos esa forma de pensar y aplicamos el filtro de Dios a nuestra vida, reconstruimos nuestro sentido del valor y descubrimos quiénes somos en realidad.

Ora. Abba Padre, gracias por escogerme. Te alabo porque *yo soy* asombrosa y maravillosamente hecho y creado personalmente por ti. Gracias por tu Hijo, Jesús, en quien soy hecho aceptable a tus ojos. Gracias por cuidarme y hacer de mí tu tesoro especial. Sé que me amas, pero no siempre lo tengo en cuenta. Ayúdame a recordar tus verdades cuando olvido quién soy en ti. Te amo, Señor. Amén.

Lee. "Tú creaste las delicadas partes internas de mi cuerpo y me entretejiste en el vientre de mi madre. ¡Gracias por hacerme tan maravillosamente complejo! Tu fino trabajo es maravilloso, lo sé muy bien" (Salmo 139:13-14, NTV); "Pues somos la obra maestra de Dios. Él nos creó de nuevo en Cristo Jesús, a fin de que hagamos las cosas buenas que preparó para nosotros tiempo atrás" (Efesios 2:10, NTV). Lee además: Salmo 139:1-16, 23-24; Isaías 43:4; Juan 15:13; Romanos 12:6-8. (Ver páginas 151 y 152).

Al leer los versículos de esta página, o de este capítulo, ¿cuáles te impresionan más y por qué?

____

____

Documenta tu viaje. Tómate algún tiempo para considerar cómo te ves en realidad, a estas alturas de tu viaje. ¿Es la forma en que Dios te ve o se basa en un sistema de creencias falsas que se ha desarrollado a partir de tus heridas? Desafía las mentiras que has identificado con las verdades que he compartido en este capítulo. Después de leer los pasajes bíblicos proporcionados más arriba, tómate tiempo para escribir en tu diario lo que has descubierto.

Desarrolla un corazón agradecido. Gracias a Jesús tenemos acceso al regalo de la gracia de Dios. Por su amor y sacrificio somos llamados hijos de Dios y somos capaces de disfrutar de todos los beneficios de formar parte de su familia. Él es digno de toda nuestra alabanza. Tómate tiempo para dar gracias a Dios por el don de la salvación en Cristo y por lo que Él significa para tu vida hoy.

Capítulo nueve

PASO 7: Establece tu nueva vida en Cristo

No recuerden las cosas anteriores
ni consideren las cosas del pasado.
Yo hago algo nuevo, ahora acontece;
¿no lo perciben?
Aun en los desiertos haré camino y ríos
en los lugares desolados.
—Isaías 43:18-19 (NBLH)

Este paso esencial tendrá un profundo impacto en tu vida y en la de aquellos a los que amas. Es el último paso básico en nuestro viaje juntos, y te ayudará a establecer el fundamento para la nueva vida que tienes por delante.

Querido(a) amigo(a), lo que experimentaste en el pasado, pasado está. En Cristo somos "nueva[s] criatura[s]", "las cosas viejas pasaron" y "ahora han sido hechas nuevas" (2 Corintios 5:17, NBLH). Si has rendido tu vida a Cristo, has dejado de ser una víctima del abuso. Eres un hijo de Dios. Donde antes eras un sobreviviente bajo el peso de la vergüenza, ahora florecerás por la gracia redentora de Dios.

El abuso y la disfunción pueden ser el comienzo de nuestras historias, pero no tienen por qué ser el legado que dejemos atrás. En el fundamento defectuoso que tal vez recibimos de nuestros padres o cuidadores, ahora podemos edificar una nueva vida sobre el firme cimiento de Jesucristo. Desde aquí construimos sobre lo que Dios nos ha dado, y eso implica apartarnos de nuestros viejos caminos y orientar nuestro corazón hacia los suyos: hacer mejores elecciones tanto para nosotros mismos como para las generaciones que vendrán.

Para tener éxito en esto, debemos desempeñar un papel activo en la vida que construimos, mediante un compromiso con Cristo, convirtiéndole en la piedra angular de nuestra vida, olvidando lo que está en el pasado y centrándonos de todo corazón en el viaje de fe que tenemos delante.

Olvida las cosas anteriores

Será fácil convertirte en víctima de tu antigua forma de vivir, incluso de las emociones negativas ya procesadas y resueltas en tu corazón. Sin embargo, Dios te está llamado a olvidar las cosas anteriores y a no pensar obsesivamente en el pasado. Dios declara: "No recuerden las cosas anteriores ni consideren las cosas del pasado. Yo hago algo nuevo, ahora acontece; ¿no lo perciben? Aun en los desiertos haré camino *y* ríos en los lugares desolados" (Isaías 43:18-19, NBLH). Esto significa que tenemos que abandonar deliberadamente nuestra antigua forma de vivir y orientar o centrar nuestra mente en lo que Dios tiene reservado para nosotros.

Sabemos lo que es sentirse en el lado receptor de alguien que usa su libre albedrío para cometer malas acciones, y el daño a largo plazo que puede causar. Por eso necesitamos ser intencionales en hacer mejores elecciones para nosotros mismos. Esto significa abandonar nuestra vieja y pecaminosa forma de vivir y establecer nuestra nueva vida en Cristo.

Como víctimas del abuso sexual, corremos el riesgo de perpetuar graves actitudes disfuncionales en nuestra vida de adulto. De hecho, estudios recientes revelan que las víctimas del abuso sexual en la infancia están en gran riesgo de experimentar problemas relacionales y problemas psicológicos que implican enojo y agresión, baja autoestima, depresión, angustia, abuso de sustancias, conducta autodestructiva, tendencias suicidas, automutilación, alcoholismo, trastornos alimentarios y hasta desórdenes de personalidad diversos.[1] Nadie está completamente aislado de los efectos del abuso sexual. Toda nuestra sociedad está afectada de un modo u otro. Algunos estudios han descubierto que experimentar el abuso en la infancia puede ser el precursor de la actividad criminal, la conducta violenta, la delincuencia, la promiscuidad, el embarazo en la adolescencia, la pobreza, la obesidad y la vulnerabilidad a la revictimización.[2] Sin una curación adecuada, el daño causado por el abuso sexual en la infancia puede ser duradero y profundamente impactante, tanto para el sobreviviente como para la sociedad en general.

He visto funcionar este desdichado ciclo en mi propia vida. Mi padre y mi madre procedían de familias disfuncionales y abusivas. Mi madre creció en un hogar altamente disfuncional y abusivo durante su infancia, y sin querer, su propia conducta se volvió así. Aunque me amaba y nunca abusó de mí sexualmente, inadvertidamente atrajo a alguien que lo haría. Si bien hizo lo mejor que pudo para protegerme de ser abusada por otras personas, su propio comportamiento, con frecuencia, se tornó abusivo.

Como ya comenté con anterioridad, mi madre gritaba muchísimo. Cuando estaba disgustada, solía levantar la voz y usar palabras cortantes como "¿Y a ti qué te pasa? ¿Eres estúpida?". Si le decía una mentira, olvidaba realizar una tarea o le desobedecía de alguna forma, el castigo era a menudo exagerado: me azotaba con un cable de extensión o una percha de alambre, o me abofeteaba tan fuerte en el rostro que me pitaban los oídos. En ocasiones tenía arrebatos de ira. Una vez intentó meterme la cabeza en el agua sucia de fregar los platos, solo porque no los había enjuagado lo bastante bien. Su naturaleza era volátil e impredecible.

Mi padre biológico también creció en un hogar muy disfuncional. Su padre era alcohólico. Esa conducta adictiva se transmitió y mi padre desarrolló, posteriormente, una adicción a la cocaína que duró veintisiete años. Aunque mi padre nunca me maltrató de ninguna manera, su ausencia en mi infancia jugó un papel clave en mi autoestima a medida que yo crecía.

El ciclo continuó conmigo. Mi antigua forma de vida incluía cosas como comer, gastar y llenar mi agenda en exceso. Recurría a la comida para consolarme, compraba como válvula de escape y tenía una agenda muy llena para evitar mis problemas más profundos. Entre todos esos vicios de consuelo, sufrí sobrepeso, me endeudé y llegué a estar demasiado estresada. Como resultado, me sentía asqueada de mí misma la mayor parte del tiempo, y esto condujo a sentimientos de depresión y angustia.

Debido a las cargas y el estrés en mi vida, me convertí en una bomba de tiempo preparada para explotar a la más ligera infracción. Empecé a descargar mis emociones malsanas en la familia y hasta en algunas amigas. Como mi madre, y sus padres antes que ella, me volví abusiva hacia mis propios hijos; les gritaba por temor y

frustración. Aunque nunca los maltraté físicamente, usé con frecuencia mis palabras para herir; actué basándome en mi propio dolor.

Dios tuvo que tomar el control de mi corazón para que yo cambiara. Me abrió los ojos a los patrones malsanos y su origen, y me llamó a abandonar aquella forma de vida. El proceso de cambio tomó tiempo y un compromiso de crecimiento en mi fe. Fue, y sigue siendo, un acto diario de rendición. Soy todavía una obra en progreso, pero gloria a Dios por todo lo que se ha logrado hasta el momento.

La realidad es que todos aprendemos por el ejemplo. No es intencional; simplemente ocurre. Por eso, cada uno de nosotros somos propensos a continuar los patrones de conducta negativa que hemos visto en nuestros padres. Si no tenemos cuidado, los transmitiremos a nuestros propios hijos. Solo por esta razón, es importante identificar esos patrones negativos que siguen activos en nuestra vida.

No podemos edificar nada bueno sobre nuestro viejo y defectuoso fundamento. Depende de cada uno de nosotros hacer nuestra parte en el establecimiento de una mejor forma de vida. Nos lo debemos a nosotros mismos y a las generaciones que nos siguen.

Tal vez algo de lo que he compartido en este capítulo te ha causado un impacto y ya has pensado en algunos cambios que necesitas realizar. Si no es así, échate una sincera mirada durante un momento. ¿Dónde ves patrones de conducta negativa en tu vida?

¿Maltratas a otros? ¿Te enojas con frecuencia y explotas? ¿Eres adicto a las drogas, comes en exceso, trabajas o gastas demasiado?

No es infrecuente que los sobrevivientes del abuso sexual se vean arrastrados a relaciones malsanas. Tal vez lo has experimentado ya. Quizás has visto desarrollarse un patrón en tu vida en el que pareces atraer al tipo equivocado de persona que te maltrata emocional, física y hasta sexualmente. Es hora de respetarte a ti mismo y establecer una norma respecto a qué y a quién le permitirás ser parte de tu vida.

Considera las relaciones que has tenido en el pasado y aquellos con los que estás comprometido en este momento. ¿Son relaciones saludables, positivas, vivificantes? Si alguien te está maltratando verbal, física o emocionalmente, a estas alturas esa conducta debería parecerte inaceptable.

Ya sea con amigos, familiares o con tu pareja, debes establecer una norma respecto a lo que es permisible en las relaciones. Esto te ayudará a evitar la angustia y te mantendrá en la senda hacia la sanación. Cuando no nos respetamos a nosotros mismos, atraeremos al tipo de persona que pensamos merecer. Esto conduce a más problemas para nosotros y, en última instancia, para nuestros hijos.

Si estás en una relación malsana (el matrimonio u otra), pídele a Dios que te guíe en lo que necesitas hacer a continuación. Tienes el derecho y el poder de buscar ayuda y apartarte, tanto tú como tus hijos, del camino del mal. Dios te ama; así que ¡anímate! y ámate a ti mismo(a) también.

Te aliento a tomarte algún tiempo para pensar en cualquier conducta en tu vida que pudiera considerarse pecado, o cualquier relación que no esté alineada con la voluntad de Dios. Estas representan tu antigua forma de vida que Dios te está llamado a abandonar, para poder construir tu nueva vida sobre el fundamento más firme de su Hijo, Jesucristo.

Tal vez estés pensando: "Esto suena muy bien, pero no sabes lo lejos que he llegado. Desconoces lo que ya he hecho". Recuerda que para Dios no podemos llegar demasiado lejos. No hay pecado demasiado vil que Él no pueda perdonar, ninguna herida demasiado profunda que Él no pueda curar ni cantidad de quebranto que Él no pueda solucionar. No hay nada de lo que hayas hecho que Dios no pueda redimir ni nada que puedas hacer jamás para que Él deje de amarte.

¿Significa esto que no tienes que corregir el daño que has causado en las relaciones? ¡Desde luego que no! Dios no te absuelve a ti ni a nadie de la responsabilidad de arreglar lo que hemos roto, cuando podamos, o de extender o recibir el perdón donde corresponda.

Dios sabe que no podemos prosperar bajo el peso de la culpa y la vergüenza. Cuando pensamos obsesivamente en el pasado, nuestras emociones nos llevan por sendas ambiguas que conducen a la tierra del pesar y de la desesperación. Las palabras de Dios a Israel siguen siendo una fuente de aliento para nosotros hoy: "No recuerden las cosas anteriores ni consideren las cosas del pasado. Yo hago algo nuevo, ahora acontece; ¿no lo perciben?" (Isaías 43:18-19, NBLH).

Sí, necesitamos esforzarnos por corregir el daño que hemos causado, pero, mucho más que eso, tenemos que centrarnos deliberadamente en lo que más importa hoy. El Señor ya está haciendo "algo nuevo" en tu vida. ¿Puedes verlo? Él está haciendo un camino donde no lo había. Cimienta tu vida sobre esta verdad y no dejes que los recuerdos de tu doloroso pasado y tu antigua forma de vivir te persigan o atemoricen. Es hora de centrarse en edificar tu nueva vida en Cristo.

Edifica sobre el fundamento firme

A mi esposo y a mí nos encanta restaurar casas viejas. Ya hemos acondicionado unas cuantas en los más de veinte años que llevamos juntos, y si Dios decide bendecirnos con algún dinero extra, tal vez lo volvamos a hacer. Nunca olvidaré nuestro primer proyecto de renovación. Fue… revelador de muchas maneras.

Encontramos una casa vieja en la avenida Center de Mooresville, Carolina del Norte. Me gustaría decir que fue su encanto lo que nos atrajo, pero la verdad es que fue su precio económico. Era una casa de ladrillos rojos, construida en 1930. Ciertos rasgos de su carpintería y su arquitectura eran bellos, pero aparte de eso no era más que un montón de desechos.

Recuerdo lo entusiasmados que estábamos con nuestra nueva montaña de basura. Nos pusimos a trabajar en ella de inmediato, pensando que teníamos todo

el proyecto bajo control; dentro de unas pocas semanas estaríamos viviendo en nuestro nuevo hogar. ¡Error!

La casa estaba construida sobre unos cimientos defectuosos, y eso no era lo peor. Tras el detenido examen de un ingeniero de estructuras, se nos informó de que la casa tendría que ser literalmente elevada del suelo y se tendría que colocar una estructura debajo que le diera estabilidad. Todo nuestro trabajo superficial no tendría sentido si los cimientos cedían. Como no podíamos permitirnos derribar la casa y empezar de nuevo sobre otros cimientos, decidimos levantarla del suelo.

Vivimos en aquella casa durante un par de años, y aunque nuestras renovaciones se veían hermosas y recibimos muchos cumplidos, seguía siendo una casa levantada sobre unos cimientos defectuosos. Nada cambiaría ese hecho, salvo derribar la casa, echar un fundamento totalmente nuevo y empezar otra vez.

La idea de una renovación es trabajar con lo viejo y convertirlo en algo nuevo. Sin embargo, y afortunadamente para nosotros, Dios es el tipo de constructor que cree en empezar desde cero. Él no se limita a venir a nuestra vida, realizar un poco de trabajo cosmético aquí y allá, y dejarlo así. Lejos de esto.

En su lugar, Dios elimina nuestros cimientos viejos y defectuosos, y nos proporciona un fundamento nuevo sobre el que construir nuestra vida: Jesucristo. La Biblia declara: "De modo que si alguno está en Cristo, nueva criatura (nueva creación) *es*, las cosas viejas pasaron, ahora han sido hechas nuevas" (2 Corintios 5:17, NBLH). No solo somos hechos nuevos, sino que también se nos proporciona el poder para vivir de una forma nueva. Cuando rendimos nuestro corazón a Cristo, "fuimos sepultados con Cristo mediante el bautismo; y tal como Cristo fue levantado de los muertos por el poder glorioso del Padre, ahora nosotros también podemos vivir una vida nueva" (Romanos 6:4, NTV).

Como cualquier proyecto de construcción importante, la transformación requiere tiempo y un compromiso con la obra por delante. Es un proceso, un viaje. Las casas firmes no se construyen solas, y si tienen que ser lo bastante sólidas como para resistir a las tormentas que vendrán, deben edificarse con materiales resistentes.

Las casas firmes no se construyen solas. Necesitan edificarse con materiales resistentes.

Tu fundamento firme está en Cristo, y ahora es el momento de hacer tu parte en la construcción de tu nueva vida. Esto solo puede ocurrir a base de oración constante, un compromiso diario de crecer en la Palabra, participación en una comunidad de creyentes y una decisión en tu corazón de seguir los caminos de Dios. Estas son las herramientas críticas que necesitarás para construir tu nueva vida en Cristo.

Comunícate con Dios por medio de oración constante

Permíteme ahorrarte parte de la confusión que yo tuve respecto a la oración. No se trata de lo mucho que digas ni de lo bien que lo hagas. La oración auténtica no tiene nada que ver con palabras nobles y discursos elaborados, sino de mostrar a Dios tu corazón y conectarte con tu principal fuente de poder. A través de esa conexión serás fortalecido y alentado, y serás capaz de discernir su propósito para tu vida.

La Biblia ordena: "Oren sin cesar" (1 Tesalonicenses 5:17, NVI). Jesús deja este ejemplo para nosotros durante su ministerio en la tierra. Estaba en comunicación constante con su Padre. Dios era el pozo del que Él sacaba su fuerza. Jesús también tomó tiempo para enseñar a orar a sus discípulos:

Ustedes, pues, oren de esta manera: "Padre nuestro que estás en los cielos, santificado sea Tu nombre. Venga Tu reino. Hágase Tu voluntad, así en la tierra como en el cielo. Danos hoy el pan nuestro de cada día.

Y perdónanos nuestras deudas (ofensas, pecados), como también nosotros hemos perdonado a nuestros deudores (los que nos ofenden, nos hacen mal). Y no nos metas (no nos dejes caer) en tentación, sino líbranos del mal del maligno). Porque Tuyo es el reino y el poder y la gloria para siempre. Amén" (Mateo 6:9-13, nblh).

No creo que Jesús pretendiera que esta oración se repitiera palabra por palabra. Más bien debía ser un ejemplo de cómo deberíamos acercarnos a Dios: no con palabras elocuentes y grandes discursos, sino con humildad y sinceridad, y un corazón arrepentido. Además. Dios ya sabe lo que necesitamos antes de que lo pidamos y promete que "proveerá a todas sus necesidades, conforme a sus riquezas en gloria en Cristo Jesús" (Filipenses 4:19, nblh).

Cuando somos humildes y sinceros con Dios, Él escucha. No hay nada que no podamos llevar ante su trono. Él está preparado, deseoso y es capaz de responder a nuestros gritos de ayuda, nuestras súplicas de perdón y nuestras peticiones de justicia. De hecho, ¡Dios ora *por nosotros*! La Biblia afirma que cuando no sabemos cómo expresar nuestras preocupaciones, "el Espíritu mismo intercede *por nosotros* con gemidos indecibles" (Romanos 8:26b, nblh).

Querido(a) amigo(a), Dios conoce tu corazón y escucha tus clamores (Hebreos 4:12). Quiere que aprendas a depender de Él y a confiar en Él. No temas alargar la mano y "[poner] todas [tus] preocupaciones y ansiedades en las manos de Dios, porque Él cuida de [ti]" (1 Pedro 5:7, ntv).

Aunque clamemos a Dios, esto no significa que Él contestará enseguida. En realidad, quizás no responda nunca como nosotros esperaríamos. Sin embargo, podemos confiar en Él. La Biblia afirma: "...Dios proveerá a todas sus necesidades, conforme a sus riquezas en gloria en Cristo Jesús" (Filipenses 4:19, nblh). La palabra *necesidades* es clave. Podemos pedir algo que queremos, pero Dios responderá con aquello que necesitamos. Podemos confiar en Él, porque Él tiene en cuenta nuestros mejores intereses. Él es bueno, y sus planes para nosotros también lo son.

Cada vez que acudes a Dios en oración, le estás pidiendo al Creador del universo, el Rey de reyes, el Alfa y la Omega, Aquel que realiza los cambios y el amante de tu alma, que actúe en tu nombre. Él es tu principal fuente de poder, y por medio de la comunicación constante con Él, puedes construir una vida mejor.

Quizás estés pensando: "Esto suena maravilloso, ¿pero cómo responderá y cómo sabré cuándo es Él?".

Cuando empecé a comunicarme con Dios en oración, era algo torpe y extraño en el mejor de los casos. No estaba segura de que Él me respondería ni de cómo lo haría; pero seguí adelante de todos modos. Gracias a mi tiempo en oración y en la Palabra, no tardé en aprender cómo discernir la voz de Dios.

Él se comunica con nosotros de diversas formas: por medio de visiones y sueños, personas y circunstancias, e incluso hablando de forma directa a nuestro corazón y nuestra mente. Su voz es suave, y siempre nos alienta a hacer lo correcto. No obstante, la mayoría de las veces, Dios responderá a nuestras oraciones por medio de su Palabra, siempre hablando de acuerdo con ella y no diciéndonos nunca que hagamos algo contrario a la Biblia.

A medida que te comuniques con Dios a través de la oración y te comprometas al estudio regular de su Palabra, fortalecerás tu relación con Dios y aprenderás a discernir su voz por encima de todas las demás de tu vida.

Comprométete a crecer a diario en la Palabra

Se cuenta que el famoso teólogo Charles Spurgeon dijo: "Lee muchos libros buenos, pero vive en la Biblia". Ya sea que Spurgeon pronunciara estas palabras o no, siguen siendo un buen consejo, porque es en la Palabra de Dios donde hallamos el alimento vivificante para nuestra alma. La Biblia declara: "Toda la Escritura es inspirada por Dios y es útil para enseñarnos lo que es verdad y para hacernos ver lo que está mal en nuestra vida. Nos corrige cuando estamos equivocados y nos enseña a hacer lo correcto. Dios la usa para preparar y capacitar a su pueblo para que haga toda buena obra" (2 Timoteo 3:16-17, NTV).

Permite que la Palabra de Dios te prepare para tu nueva vida en Cristo, apartando tiempo para leer y estudiar la Biblia. Entre otras muchas cosas, es una guía para tu viaje hacia la sanación que incluye los planos para edificar sobre tu nueva vida en Jesucristo.

Durante mi propio viaje de fe he aprendido que, sin el estudio regular de las Escrituras, me pierdo con rapidez y me siento confusa. A esto le sigue el desaliento y, poco después, vuelvo al foso de la desesperación. Necesito una dosis diaria de la Palabra de Dios para pelear contra los muchos pensamientos que intentan llevarme otra vez a la esclavitud y el pecado.

Sin el estudio regular de la Biblia, no podemos conocer las verdades de Dios para nuestra vida, y es *su* verdad la que nos libera de la esclavitud del pecado (Juan 8:32). Su Palabra es "Lámpara... a mis pies... y luz para mi camino" (Salmo 119:105, NBLH). Sin ella, caminamos en oscuridad. Si nos comprometemos a estudiar la Biblia de forma regular, creceremos en nuestra fe y aprenderemos a discernir la amorosa voz de Dios por encima de las mentiras de nuestro enemigo.

Tal vez no tengas una Biblia o no sepas qué traducción usar. Si tienes una, tal vez no la leas con regularidad. Quizás lo intentaste en el pasado, pero lo dejaste por frustración, porque no entendías el significado. ¿A quién le gusta leer algo que no puede entender?

Tal vez la versión de la Biblia que utilizas no sea la más adecuada para ti. Hay muchas traducciones de la Biblia disponibles. Recomiendo usar diferentes versiones como la Nueva Versión Internacional (NVI), la Nueva Biblia Latinoamericana de Hoy (NBLH) y la Nueva Traducción Viviente (NTV). Son versiones muy conocidas y fiables. No uso la Reina-Valera 1960 (RVR1960) porque no entiendo el lenguaje, pero si tú lo entiendes, y te ayuda, está bien.

Siempre hay cierta parcialidad hacia alguna de las versiones, pero lo importante es que encuentres una traducción de confianza que puedas entender y digerir fácilmente para no perderte la verdad del mensaje de Dios.

Finalmente, si eres nuevo creyente, tal vez te sientas abrumado por no saber dónde empezar. Te sugiero que comiences estudiando el Evangelio de Juan. Se encuentra en el Nuevo Testamento. Es un relato breve, de fácil lectura, sobre la vida, muerte y resurrección de Cristo; este será un maravilloso punto de partida para tu viaje en el estudio de la Palabra. A continuación, busca un plan para leer la Biblia en un año. La mayoría de las traducciones que he sugerido tienen una guía de lectura. También puedes encontrar planes de lectura en línea en http://www.biblia. es o usar la aplicación de Bible Gateway (www.biblegateway.com) en cualquier dispositivo móvil, *tablet* o lector de libros electrónicos. También encontrarás en línea innumerables herramientas de estudio bíblico.

Otra herramienta útil de estudio es escribir en tu diario. (No te sorprende que yo te sugiera esto, ¿verdad?) Yo mantengo uno y me ayuda a recordar cómo el Espíritu Santo me inspiró, me alentó o me retó. Es una excelente manera de edificar tu fe y documentar el viaje con Jesús.

Todo esto no son más que sugerencias. Necesitarás descubrir qué funciona para ti en tu viaje de fe. La clave para crecer en la Palabra de Dios es tener una Biblia, estudiarla con regularidad y aplicar los principios a tu vida diaria.

Involúcrate en una comunidad de creyentes

Dios nos diseñó para vivir en comunidad. Él es un Dios relacional y nos ha hecho del mismo modo. Necesitamos formar parte de una comunidad a fin de crecer y prosperar como creyentes. Además, cada uno hemos recibido ciertos dones para usar y bendecir así a otros. Es, a menudo, por medio de una comunidad de creyentes que descubrimos nuestros dones y llamamientos.

Si no formas parte de una iglesia, te insto a buscar una que crea en la Biblia, que presente a Cristo claramente como el único Salvador de los pecadores, y donde crecerás en la fe y experimentarás la comunidad con otros creyentes. Ser parte de una comunidad de fe es una forma maravillosa de acercarte a Dios y sentirte alentado e inspirado en tu viaje hacia la sanación.

Esto ha sido así en mi vida.

Dios usó los años de servicio en el ministerio musical para enseñarme teología sana a través de himnos y cánticos. Todos aquellos ensayos y cultos de adoración que pasé entonando coros de alabanza y piezas sagradas edificaron mi fe de tal manera que hoy sigo beneficiándome de ello. Pensé que me estaba convirtiendo en la próxima gran artista musical cristiana, pero Dios realmente estaba usando ese tiempo para moldear y formar mi fe para otras tareas que revelaría más adelante.

Fue por mi desarrollo por la comunidad de creyentes que Dios me reveló su deseo de que yo escribiera este libro y ministrara a víctimas del abuso sexual. Él utilizó a otros creyentes para alentarme y prepararme, abriendo puertas que ni siquiera creí posibles y que yo no habría podido ver ni abrir sola. A través de la comunidad, también he visto el poder de Dios obrando en la vida de otros creyentes. Esta experiencia me ha ayudado a conocerle mejor y confiar más en Él, y ha enriquecido mi vida y profundizado mi fe.

Lo mismo ocurrirá en tu vida, si decides formar parte de una comunidad de creyentes. Dios usa a menudo la comunión que tenemos con otros para revelar su poder y su presencia en nuestra vida. Con frecuencia es en el seno del cuerpo de Cristo donde descubrimos los dones que Dios nos ha dado y sus propósitos para nosotros.

Cuando estamos involucrados en una comunidad de creyentes, tenemos acceso a una poderosa fuente de bendición y fuerza; literalmente, estamos pasando tiempo con Dios. Los creyentes no son perfectos, y en ocasiones nos fallan. Sin embargo, Jesús afirma: "Pues donde se reúnen dos o tres en mi nombre, yo estoy allí entre ellos" (Mateo 18:20, NTV). Esta comunión con otros creyentes juega un papel importante en el desarrollo de nuestra fe.

Por otra parte, aunque necesitamos tener comunión con otros creyentes para prosperar en nuestro viaje de fe, es importante saber que relacionarse con el pueblo de Dios no puede reemplazar una relación personal con Él. Ser miembro de una comunidad de creyentes solo es parte del viaje. Una cosa es descubrir las verdades divinas en la voz y las enseñanzas de otros, pero solo podemos conocer a Dios *personalmente* dedicándonos a la oración constante y al estudio diario de su Palabra. A través de una combinación de nuestra relación con Dios y nuestra interacción con su pueblo crecemos en la fe y aprendemos a seguir sus caminos.

Comprométete a seguir los caminos de Dios

¿Has oído alguna vez el viejo dicho: "Un gesto vale más que mil palabras"? No sé tú, pero yo soy una persona orientada a la acción. Cuando mi esposo me dice que me ama, necesita demostrármelo. No me malinterpretes. Me gusta escuchar esas palabras, pero prefiero verlas en acción. Con Dios ocurre lo mismo.

Muchas personas, incluida yo misma, proclaman amar a Dios, pero sus actos dicen otra cosa. A veces creo que nos gusta más la idea de Dios que *amarlo* de verdad. Amar y gustar son dos cosas distintas.

Podemos seguir a alguien que nos guste, pero el compromiso es para aquellos que amamos. Tengo numerosos "seguidores" en Instagram y Twitter, pero esto no significa que alguno me ame u obedezca mis órdenes: eso sería extraño. Seguir los caminos de Dios requiere, más que una relación casual, amor verdadero.

¿Qué significa, pues, amar a Dios de verdad? Jesús dio estas instrucciones: "Ama al Señor tu Dios con todo tu corazón, con toda tu alma, con toda tu fuerza y con toda tu mente" y "Ama a tu prójimo como a ti mismo" (Lucas 10:27, NTV). Aquí, el primer principio es amar a Dios con todo lo que somos, y el segundo es amar a los demás como a nosotros mismos.

Suena bastante fácil, ¿verdad? Solo necesitamos amar a Dios y a las personas. Ahora bien; si has seguido a Cristo durante algún tiempo, habrás comprobado que esto requiere un compromiso real. A primera vista, todo parece bastante sencillo. Sin embargo, ¿has amado alguna vez a alguien con *todo* tu corazón, alma, fuerza y mente? ¿Qué significa esto? ¡Suena agotador!

La mayoría de nosotros hemos experimentado la euforia de estar enamorados, o al menos un amor juvenil, en algún momento de nuestra vida. Ese sentimiento se acerca bastante al amor de Dios del que habla la Biblia, pero este es infinitamente mayor. Estar enamorado de alguien solo dura un breve tiempo antes de que los sentimientos de euforia se esfumen. A menos que haya un anillo de matrimonio, no tardamos en buscar el siguiente gran amor de nuestra vida.

Podemos estar enamorados de Dios, pero amarlo con todo nuestro corazón, alma, mente y fuerza requiere un compromiso más profundo. Significa que escogemos estar plenamente satisfechos en Él y solo en Él. En el Antiguo Testamento, el rey David se sintió así. Estaba tan entusiasmado con Dios, que este lo describió como "un hombre conforme a mi propio corazón" (Hechos 13:22, NTV). De hecho, el libro de Salmos está lleno de las palabras apasionadas de David hacia el Señor. Uno de estos salmos nos da un ejemplo de lo que significa amar a Dios de verdad:

> Oh Dios, tú eres mi Dios; de todo corazón te busco. Mi alma tiene sed de ti; todo mi cuerpo te anhela en esta tierra reseca y agotada donde no hay agua. Te he visto en tu santuario y he contemplado tu poder y tu gloria. Tu amor inagotable es mejor que la vida misma, ¡cuánto te alabo! Te alabaré mientras viva, a ti levantaré mis manos en oración. Tú me satisfaces más que un suculento banquete; te alabaré con cánticos de alegría. Recostado, me quedo despierto pensando y meditando en ti durante la noche. Como eres mi ayudador, canto de alegría a la sombra de tus alas. Me aferro a ti; tu fuerte mano derecha me mantiene seguro (Salmo 63:1-8, NTV).

David expresó una satisfacción, una confianza y una esperanza completas en el Señor. No pronunció sus palabras guiado por la culpa o la opresión; no procedían del sentido de la obligación o la obediencia. ¡Era el *verdadero corazón* de David hacia Dios! Dios le *apasionaba* y no se avergonzaba de que todos lo supieran.

Aquí quiero hacer una observación especial: David no escribió esas palabras desde un lugar cómodo, donde disfrutaba de las bendiciones de la vida. No estaba sentado en su casa, escuchando su emisora favorita de radio y escribiendo en su computadora bebiendo a sorbos una taza de café.

Todo lo contrario.

David escribió este salmo mientras huía de sus enemigos que querían matarlo. Las circunstancias de David eran las peores cuando escribió este hermoso cántico de alabanza a Dios. A pesar de que le perseguían —sin garantía de rescate—, su corazón estaba del todo satisfecho en Dios. ¡Vaya! ¡Qué ejemplo de amor ha dejado para nosotros!

Esta es la esencia de lo que significa amar a Dios: estar completamente conforme y satisfecho en Él, independientemente de nuestras circunstancias, amándolo más que a cualquier cosa o persona. Por supuesto, debemos obedecer sus mandamientos y someternos a su voluntad. Sin embargo, la obediencia y la entrega llegan de un modo más natural cuando Él se convierte en nuestro todo.

Tal vez hayas luchado con amarte a ti mismo y esto te ha impedido aceptar el amor de Dios. Lo entiendo; y como he compartido, durante muchos años yo no me preocupé tampoco de mí misma. Con toda sinceridad, no me di permiso para ello. En lo profundo de mí pensaba que era una basura y que no merecía ser amada. Sin embargo, esta era una mentira incrustada en mi alma por los años de abuso. Conforme crecí en mi fe, la verdad se aclaró y aprendí a verme como Dios me ve. Eso lo cambió todo para mí, sobre todo mi capacidad de recibir y devolverle su amor.

Cuanto más llegues a conocer a Jesús, más fácil te resultará amar y ser amado. Saber quién eres en Cristo es fundamental en tu viaje hacia la sanación. Una vez que estas verdades se convierten en tu norma de vida, atraerás de manera natural unas relaciones más sanas, porque llegarás a amarte y respetarte de un modo saludable.

Cuando amamos a Dios de verdad, nuestros actos y actitudes reflejarán ese amor. Se verá en nuestro modo de vivir y en cómo tratamos a los demás. Cuanto más amemos a Dios, más creceremos para amar a los demás como Él mismo lo hace: incondicionalmente y con compasión.

Sin la obra redentora de Jesucristo, yo seguiría atrapada en un patrón de conducta negativo. Mi relación con Él me ayudó a reconocer, por primera vez, que estaba perpetuando un ciclo de abuso y solo aprendí a liberarme de todo aquello cuando me comprometí a seguir sus caminos.

¿Cómo nos comprometemos, pues, con los caminos de Dios? Lo hacemos siguiendo el ejemplo de Cristo y esto lo aprendemos cuando aplicamos las verdades bíblicas a nuestra vida diaria. La Biblia dice: "desháganse de su vieja naturaleza pecaminosa y de su antigua manera de vivir, que está corrompida por la sensualidad y el engaño. En cambio, dejen que el Espíritu les renueve los pensamientos y las actitudes. Pónganse la nueva naturaleza, creada para ser a la semejanza de Dios, quien es verdaderamente justo y santo" (Efesios 4:22-24, NTV).

Observa los verbos de acción en este pasaje: *deshacerse, ser* y *poner*. Dios no nos va a hacer todo el trabajo duro. Nosotros tenemos que involucrarnos y hacernos cargo de las decisiones que tomamos.

¿Cómo podemos "deshacernos de nuestra vieja naturaleza"? Es bastante sencillo: siendo imitadores de Dios; "Sean, pues, imitadores de Dios como hijos amados; y anden en amor, así como también Cristo les amó y se dio a sí mismo por nosotros, ofrenda y sacrificio a Dios, como fragante aroma" (Efesios 5:1-2, NBLH). Esto significa que tenemos elección: cuando nos despertamos cada día podemos vestir nuestra "vieja naturaleza", la pecaminosa, o revestirnos de la "justicia y la santidad" de Jesucristo al renovar nuestra mente en su Palabra.

Querido(a) amigo(a), podemos escoger ceder a los sentimientos de enojo y frustración por nuestro pasado, o perdonar a aquellos que nos hacen daño, y dejarlo ir. Podemos elegir pensar obsesivamente en lo que nos han quitado, o aceptar las bendiciones que Dios nos ha dado hoy y vivir con amor.

¿Difícil? Si.

¿Imposible? No.

Jesús afirmó: "Todas las cosas son posibles para el que cree" (Marcos 9:23b, NBLH).

Dios nos insta a ti y a mí a: "No [recordar] las cosas anteriores ni [considerar] las cosas del pasado" (Isaías 43:18, NBLH). Él declara: "Les daré un corazón nuevo y pondré un espíritu nuevo dentro de ustedes" (Ezequiel 36:26a, NTV).

Este "espíritu nuevo" es el Espíritu Santo que recibimos cuando aceptamos a Cristo en nuestros corazones. Es el Espíritu de Dios. La Biblia dice: "Y nosotros hemos recibido, no el espíritu del mundo, sino el Espíritu que viene de Dios, para que conozcamos lo que Dios nos ha dado gratuitamente" (1 Corintios 2:12, NBLH).

Fue el Espíritu Santo de Dios quien nos arrastró a una relación salvadora con Jesucristo en primer lugar (Juan 6:65). Por el Espíritu Santo hemos experimentado el don de la gracia de Dios. Él nos pide que seamos perceptivos y que nos dejemos guiar por el Espíritu (Gálatas 5:25), porque es el Espíritu Santo quien nos capacita para conocer, amar y, en última instancia, agradar a Dios.

> Los que están dominados por la naturaleza pecaminosa piensan en cosas pecaminosas, pero los que son controlados por el Espíritu Santo piensan en las cosas que agradan al Espíritu. Por lo tanto, permitir que la naturaleza pecaminosa les controle la mente lleva a la muerte. Pero permitir que el Espíritu les controle la mente lleva a la vida y a la paz. Pues la naturaleza pecaminosa es enemiga de Dios siempre. Nunca obedeció las leyes de Dios y jamás lo hará. Por eso, los que todavía viven bajo el dominio de la naturaleza pecaminosa nunca pueden agradar a Dios (Romanos 8:5-8, NTV).

Si eres como yo, esta última frase es un aguijón. Quiero agradar a Dios. Ya no quiero vivir según mis deseos pecaminosos, e imagino que tú tampoco. Esos deseos solo me han traído problemas. Quiero tener una vida mejor y dejar que el Espíritu influya en mis deseos.

En primer lugar, debemos estar dispuestos a que el Espíritu nos dirija. Eso implica ceder el control; no es algo que llegue con facilidad, sobre todo para las víctimas del abuso. Nuestra naturaleza humana básica grita: "¡Estoy viviendo a mi manera, gracias!". Sin embargo, esa forma de pensar no me funcionó bien a mí. Hacer mi vida a mi modo me metió en un montón de problemas y, finalmente, me llevó a más dolor que al principio.

La Biblia revela que nuestra naturaleza humana está en conflicto con el Espíritu:

> La naturaleza pecaminosa desea hacer el mal, que es precisamente lo contrario de lo que quiere el Espíritu. Y el Espíritu nos da deseos que se oponen a lo que desea la naturaleza pecaminosa. Estas dos fuerzas luchan constantemente entre sí, entonces ustedes no son libres para llevar a cabo sus buenas intenciones, pero cuando el Espíritu los guía, ya no están obligados a cumplir la ley de Moisés. Cuando ustedes siguen los deseos de la naturaleza

pecaminosa, los resultados son más que claros: inmoralidad sexual, impureza, pasiones sensuales, idolatría, hechicería, hostilidad, peleas, celos, arrebatos de furia, ambición egoísta, discordias, divisiones, envidia, borracheras, fiestas desenfrenadas y otros pecados parecidos… cualquiera que lleve esa clase de vida no heredará el reino de Dios (Gálatas 5:17-21, NTV).

¿Cómo nos "guía" el Espíritu? De la misma manera que aceptamos dirección o consejo de cualquier persona, debemos someter nuestra voluntad al Espíritu. Tenemos que escoger actuar según la dirección del Espíritu y no ser guiados por nuestros propios deseos. Cuando permitimos que el Espíritu nos dirija, estamos siguiendo el ejemplo de Cristo y escogiendo los caminos de Dios.

Nuestra conducta no tardará en revelar el fruto de seguir a Cristo: "amor, alegría, paz, paciencia, gentileza, bondad, fidelidad, humildad y control propio" (Gálatas 5:22-23, NTV). Donde una vez hubo sentimientos de odio, habrá amor; donde hubo tristeza, habrá gozo; donde nuestras vidas estaban llenas de agitación y confusión, habrá paz y paciencia, amabilidad y bondad.

No siempre lo haremos bien, pero nunca nos equivocaremos al comprometernos a amar a Dios y seguir sus caminos. Cuando lo amamos con todo nuestro corazón, alma, mente y fuerza, empezaremos a amar a los demás como a nosotros mismos. Todo forma parte del viaje de fe y de establecer nuestra vida sobre el cimiento firme de Jesucristo.

Sigue adelante

No podemos escoger la familia en la que nacemos ni los fundamentos que nos dieron, ni tampoco lo que hicimos en el pasado. Lo que *sí* podemos hacer es rendir nuestra vida a Cristo y edificar desde ahora sobre ese cimiento.

He cometido muchos errores debido a las heridas que experimenté siendo niña, y tú también. No puedo volver atrás y vivir de nuevo ese periodo de mi vida; tú tampoco, pero la historia no tiene que repetirse. Podemos liberarnos de los ciclos dañinos del abuso, al establecer nuestra vida en Jesucristo.

Tristemente, tenemos un enemigo que no duerme. Trabaja constantemente contra ti y contra mí, recordándonos nuestras heridas y errores. En ocasiones, te sentirás agobiado por todo ello, pero recuerda esto: la condenación no procede de Dios. Mientras nuestro enemigo nos *condena odiosamente*, Dios *suavemente persuade* nuestros corazones de nuestra culpabilidad para que produzcan un cambio positivo en nuestra vida. Su deseo es transformarnos orientándonos hacia una mejor forma de vida, llena de propósito y promesa.

Te aliento a que "no recuerde[s] las cosas anteriores ni considere[s] las cosas del pasado". Dios está haciendo algo nuevo en tu vida. ¿No lo ves? Lo pasado, pasado está, y Dios quiere que lo dejes allí y te centres en la hermosa vida que Él está construyendo hoy en ti.

Vi al Espíritu Santo descender del cielo
como una paloma y reposar sobre él.
—Juan 1:32b, NTV

No recuerden las cosas anteriores ni consideren las
cosas del pasado. Yo hago algo nuevo, ahora acontece:
¿no lo perciben? Aun en los desiertos haré camino y
ríos en los lugares desolados.
—ISAÍAS 43:18-19 (NBLH)

DIOS TE ESTÁ LLAMANDO a olvidar las cosas anteriores y a no considerar las cosas del pasado. No hay razón para vivir como víctima del pecado de otra persona. Es hora de apartarte de tu antigua forma de vida y establecer tu nueva vida en Jesucristo.

Ora. Amadísimo Salvador y amigo, gracias por venir a mi vida y limpiarme por tu Espíritu Santo. Gracias por darme un nuevo corazón, uno que te siga. Ayúdame a soltar mi antigua forma de vida y a establecer por completo mi vida en ti. Ayúdame a no pensar obsesivamente en el pasado, a olvidar las cosas pasadas, y a fijar mi mente en ti. Camina conmigo en mi viaje de fe, y ayúdame a confiar y seguir tus caminos. En tu precioso nombre te lo pido, amén.

Lee. "nada en toda la creación podrá jamás separarnos del amor de Dios, que está revelado en Cristo Jesús nuestro Señor" (Romanos 8:39b, NTV); "Ya que vivimos por el Espíritu, sigamos la guía del Espíritu en cada aspecto de nuestra vida" (Gálatas 5:25, NTV). Lee además: Salmo 103:12; Isaías 43:25; Romanos 8; Gálatas 5:16-26; Hebreos 10:25-27. (Ver páginas 152-156).

Al leer los versículos de esta página, o de este capítulo, ¿cuáles te impresionan más y por qué?

____

____

Documenta tu viaje. ¿En qué áreas de tu vida puedes ver patrones de conducta negativa y ciclos de pecado? Identifica cuáles son en tu "diario de la verdad", y ríndelos a Dios pidiéndole su perdón. Sigue adelante en el desarrollo de tu fe mediante la oración constante y el estudio de la Biblia, e involucrándote en una comunidad de creyentes. Al hacerlo, comprométete a seguir los caminos de Dios en tu vida. Estas son las herramientas para construir tu vida sobre el firme cimiento: Jesucristo.

Desarrolla un corazón agradecido. No puedes cambiar lo que ha sucedido en el pasado, pero puedes escoger cómo vivir tu vida hoy. Alaba a Dios por esa libertad y por su Hijo, Jesús, en quien tienes acceso al perdón, la libertad, la sanación, el amor, las bendiciones abundantes y la vida eterna. Son tantas las bendiciones reservadas para ti. ¡Regocíjate!

Capítulo diez

Los planes de Dios para ti son buenos

Oh Señor, has examinado mi corazón y sabes todo
acerca de mí... Sabes todo lo que hago.
—Salmo 139:1, 3 (NTV)

Como sobrevivientes del abuso sexual, necesitaremos ser muy intencionales en algunas áreas de nuestra vida. Una de ellas implica desarrollar nuestra capacidad de atraer e involucrarnos en relaciones saludables. Al haberse roto nuestra capacidad de confiar, a los niveles más profundos, experimentar estrechas relaciones con los demás puede resultar difícil. Sin embargo, creo firmemente que Dios puede sanar esta área de nuestra vida y hasta producir restauración donde antes no parecía humanamente posible. Con Dios, "todo es posible" (Mateo 19:26, NBLH) y "Todas las cosas son posibles para el que cree" (Marcos 9:23b, NBLH).

Dios diseñó la intimidad para que pudiéramos experimentar una profunda relación con Él y con otros, a través de nuestra familia, nuestras amistades y, en especial, en el matrimonio. Fue diseñada para nuestro bien. Ser capaz de involucrarse en una relación íntima con Él y con los demás forma parte de su plan perfecto para nosotros.

Este plan también implica hacer elecciones para vivir en pureza. Aunque hayan abusado sexualmente de ti en la infancia, esto no te hace impuro a los ojos de Dios; sin embargo, las elecciones que tú haces sí importan mucho. Escoge vivir una vida pura en todo lo que hagas, y en especial, en lo que se refiere a la intimidad física; y espera lo mejor de Dios para ti. Sus planes son perfectos y podemos confiar en Él.

El propósito de este capítulo es compartir lo que he aprendido en mi viaje hacia la sanación acerca de cómo manejar las relaciones íntimas. No afirmo tener todas las respuestas y, desde luego, es algo que todavía no domino por completo. Sin embargo, Dios ha restaurado esta área de mi vida y quiero compartir mis descubrimientos contigo.

Aunque hablo principalmente sobre mi relación con mi esposo, Wes, los principios que comparto en este capítulo se aplican a cualquier sobreviviente y sus relaciones.

Si eres menor, adulto, soltero o casado, te ruego que sigas leyendo. Gran parte de lo que explico es útil para cualquiera que luche por confiar en otros y que le tenga temor a las relaciones íntimas. Ojalá hubiera tenido esta información antes de mi matrimonio con Wes, porque nos habría ahorrado mucho dolor, al prepararme para lo que debía esperar.

El abuso sexual distorsiona el don divino de la intimidad, creando ciertas barreras que pueden desarrollarse en nosotros como sobrevivientes. Para prosperar, debemos entender qué dirige esas inhibiciones y aplicar tanto los principios prácticos como los bíblicos para vencerlas.

Cada persona es diferente y todos sanamos a un ritmo distinto, pero lo que comparto contigo ahora te ayudará en tu viaje hacia la sanación. Quédate con lo que puedas usar y descarta el resto.

Somos obra de Dios y Él nos creó, primero y ante todo, para tener una relación estrecha con Él, y también con los demás. Él nos creó para disfrutar de amistades cercanas, así como para gozar del fruto de la intimidad en la relación del matrimonio. Él se complace con las pasiones naturales que tienen lugar entre un hombre y una mujer bajo el compromiso del pacto matrimonial. Todo forma parte del plan perfecto de Dios para nosotros y es bueno. Sin embargo, el abuso sexual distorsiona su diseño perfecto y causa mucho daño a nuestra capacidad de confiar en los demás y entrar en cualquier tipo de relación íntima.

En mi propio viaje hacia la sanación he descubierto tres barreras principales a la hora de entrar en una relación cercana con los demás: una sexualidad dañada, desórdenes emocionales y problemas de confianza. Aunque quizás no lidies con todas estas, puede haber una que no te permite disfrutar por completo de lo que Dios ha diseñado.

¿Puedes recuperarte de una sexualidad dañada?

Una sexualidad sana es aquella que está libre de inhibiciones, en el contexto del matrimonio, y es capaz de disfrutar y controlar la conducta sexual sin sentimientos de temor, vergüenza o culpa. El abuso sexual infunde temor, vergüenza y confusión donde debería haber libertad, gozo y seguridad en ti mismo. También puede provocar que nos sintamos incómodos con nuestra sexualidad, inhibiéndonos de aceptar la intimidad con el cónyuge por miedo a que nos lleve a una mayor vergüenza y al malestar.

El abuso sexual distorsiona la intención de Dios para la relación entre el hombre y la mujer, y estropea la belleza de la sagrada unión diseñada por Dios para nuestro disfrute, convirtiéndola en algo que provoca temor o vergüenza. El abuso sexual perjudica nuestra sexualidad y hace que nos sintamos avergonzados de nuestro cuerpo y de los deseos naturales que Dios nos dio.

El abuso sexual también puede conducir a la promiscuidad. Cuando somos promiscuos y nos involucramos deliberadamente en el sexo fuera del matrimonio, pecamos contra nuestro propio cuerpo (1 Corintios 6:18). Ese pecado nos separa de Dios, y nos lleva a más sentimientos de culpa y vergüenza.

Permíteme detenerme por un momento y decirte esto con todo el amor y la comprensión de mi corazón: continuar en una relación que implique tener sexo fuera del diseño de Dios para el hombre y la mujer (en un matrimonio piadoso) te llevará a un daño mayor en tu sexualidad. Si esto forma parte de tu vida ahora, considera el coste no solo para tu sexualidad, sino también para tu alma. ¿No has pasado ya por bastantes cosas? ¿Realmente merece el precio que pagarás?

Otro resultado de una sexualidad perjudicada es el temor. La intimidad implica confianza y vulnerabilidad, cosas que no nos resultan fáciles después de lo que hemos experimentado. Requiere tiempo, comprensión y mucha paciencia para afrontar todas las angustias concernientes. Hasta que no nos sintamos seguros, la intimidad siempre será un problema.

Sin embargo, no es necesario seguir viviendo en temor. Cuando depositamos nuestra esperanza en Cristo, Él se convierte en nuestro protector y defensor (Salmo 91). No tenemos por qué asustarnos; ni siquiera de la parte más íntima del matrimonio. Con la ayuda de Dios, nuestra sexualidad dañada puede restaurarse y podemos disfrutar la plenitud de su diseño perfecto.

Tienes que saber qué esperar

Experimentar la intimidad (emocional o física) puede ser difícil si no has procesado el abuso ni has comprendido lo que implica la recuperación. Puedes sentir que estás titubeando en la oscuridad, buscando el interruptor de la luz, chocando contra los muros. Cuanto más te educas respecto a los efectos secundarios del abuso sexual, menos misterio serán para ti tus emociones y tus temores.

En mi propio viaje, la intimidad marital fue lo más difícil. Podría haberme evitado gran parte de mi lucha, si hubiera sabido antes qué esperar en mi recuperación. No ser consciente de los efectos secundarios comunes del abuso sexual y los desórdenes emocionales que pueden desarrollarse, me dificultaron más de lo debido las relaciones más cercanas.

Puedes experimentar circunstancias desencadenantes y recuerdos recurrentes en cualquier momento

¿Los has experimentado ya? Cuando yo era más joven no sabía lo que era una circunstancia desencadenante o detonante. Nunca se me ocurrió que los recuerdos del abuso pudieran asediarme en un instante por ciertos olores, palabras, sonidos y toque físico. No fue hasta después de casarme cuando empecé a reconocer ciertas angustias.

Sin querer, mi esposo detonó a menudo mis recuerdos recurrentes haciendo o diciendo ciertas cosas. Estos recuerdos me llevaban directamente al pasado, a los sucesos del abuso, y con frecuencia me dejaban sentimientos de vergüenza, suciedad e inseguridad. Como puedes imaginar, esta experiencia hizo que no me interesara para nada tener proximidad física con él.

Como víctima del abuso sexual, espera sentirte vulnerable a *cualquier cosa* que te recuerde el abuso. Puedes experimentar diferentes niveles de ansiedad —incluso recuerdos recurrentes— cuando te encuentres en circunstancias familiares a los sucesos del abuso.

Los recuerdos recurrentes son repentinos, imágenes gráficas de acontecimientos traumáticos del pasado. Pueden desencadenarse por casi cualquier cosa: ciertos sonidos, olores, lugares, personas, objetos, palabras, etc.

Cada uno es diferente. Lo que puede hacerte detonar a ti quizás no me afecta a mí. Lo importante es que entiendas que esto es normal para los sobrevivientes del abuso. A medida que vayas descubriendo lo que te hace detonar, puedes tomar precauciones. Toma un tiempo para identificar aquellos objetos o sucesos que te traen recuerdos del abuso. Anótalos en tu "diario de la verdad", y compártelos con las personas que amas y en quienes confías. Hazles saber lo que desencadena en ti esos recuerdos para que puedan ser sensibles a tus necesidades y ayudarte a evitar esas circunstancias.

Conforme sigues tomando consciencia de lo que te hace detonar o traer recuerdos recurrentes, mejor preparado estarás para sobrellevar tu angustia y, finalmente, vencerla. Tomará tiempo, pero lo conseguirás.

Confiar no es fácil

Aunque, en distintas formas, sigo en el viaje de recuperación, puedo afirmar con sinceridad que Dios me ha liberado del temor y ha sanado mi quebranto. Sé que lo que Él ha hecho por mí puede hacerlo por ti. Confiar en Dios en esta área de tu vida marcará toda la diferencia en tu capacidad de vencer los problemas de confianza que tienes con las personas más cercanas.

No te mentiré: no ha sido un camino fácil llegar hasta aquí. Durante años levanté muros en mi matrimonio para protegerme y que mi esposo no me hiriera. En general, mantenía a las personas a cierta distancia para evitar que me volvieran a hacer daño. Construí mis muros por temor. No confiaba en la presencia de Dios y su obra en mi vida. Mis temores se convirtieron en un obstáculo para la intimidad emocional que anhelaba. En vez de intimidad, a menudo experimenté una soledad profunda que era un caldo de cultivo para el descontento y la amargura en mis relaciones más cercanas.

Quizás esto has sido cierto para ti también.

Tal vez has construido tus propios muros de desconfianza y has mantenido a la gente lejos por razones similares. La desconfianza nace del temor, pero Dios dice: "No temas, porque Yo estoy contigo; no te desalientes, porque Yo soy tu Dios. Te fortaleceré, ciertamente te ayudaré, sí, te sostendré con la diestra de Mi justicia" (Isaías 41:10, NBLH). Como creyentes, no tenemos que vivir con el temor de que nos hagan daño; Jesús nos protege, y el enemigo de nuestra alma no puede tocarnos (1 Juan 5:18). Podemos estar tranquilos de que Dios nos protege en toda situación, incluso en la intimidad.

Llega un momento en el viaje hacia la sanación en que tenemos que creer que podemos confiar en Dios en todas las áreas de nuestra vida, incluso en la más personal. Decide en tu corazón confiar en Él, y entrégale tus temores por medio de la oración constante. Cuando lo hagas, experimentarás libertad y sanación en maneras inimaginables, incluso confiando en tu cónyuge.

Tres principios clave para cultivar la confianza

A lo largo de mis más de veinte años de matrimonio, como sobreviviente del abuso sexual, he recogido tres importantes principios para cultivar la capacidad de volver a confiar. Los he descubierto tras años de tropezar en la oscuridad, mientras intentaba

El Señor es mi fortaleza y mi escudo; confío en él con todo mi
corazón. Me da su ayuda y mi corazón se llena de alegría…
—Salmo 28:7, NTV

afrontar los problemas de intimidad en mi matrimonio. Los comparto contigo ahora, aun a riesgo de sentir vergüenza, ¿pero qué es un poco de incomodidad entre amigos, no?

1. Convierte a Dios en la fuente de tu felicidad

A veces, en una relación, ya sea de amistad o en el matrimonio, nuestras expectativas de que otros suplan nuestras necesidades son demasiado altas. Desde luego, este fue mi caso, y mentiría si dijera que no sigo luchando hoy contra este impulso. Creo que es un error bastante común entre la mayoría de los seres humanos, ya sean víctimas del abuso o no.

Nuestra cultura nos enseña a recurrir a ciertas personas, lugares y cosas para nuestra felicidad y realización. Buscamos a alguien que amamos para que sea nuestro todo en todo, en lugar de Dios. Comenzaremos la relación con una larga lista de necesidades, esperando que la otra persona las satisfaga todas. Inevitablemente, nos sentimos decepcionados y esta experiencia se añade a la interminable lista de desilusiones que ya hemos tenido en la vida.

Solo Dios puede apagar la sed interminable de amor y aceptación del alma de la persona.

La verdad es que Dios nunca pretendió que todas nuestras necesidades fueran satisfechas por alguien que no fuera Él. La Biblia afirma que Él suplirá "todas [nuestras] necesidades, conforme a sus riquezas en gloria..." (Filipenses 4:19, NBLH). Cuando acudimos a otra persona para curar nuestro quebranto, sanar nuestro corazón o para que nos haga feliz, nos esperan algunas *graves* decepciones.

Cada vez que esperé que mis amigas o mi familia hicieran lo que solo Dios puede hacer, me sentí traicionada de nuevo. Ese sentimiento siempre me llevaba a la sensación de traición que experimenté siendo niña. Fue especialmente así en la relación con mi esposo, Wes. No podría decirte cuántas veces, después de una discusión con él, acababa con el espíritu aplastado y sintiéndome sin esperanza. Corría a mi habitación, cerraba la puerta con llave y lloraba durante largo tiempo, quejándome a menudo a Dios por el hombre tan horrible que me había dado.

En su misericordia, Dios ha controlado mi pensamiento confuso y me ha enseñado a depositar mi esperanza de felicidad en Él y no sobre los hombros de los demás. Al cambiar mi enfoque hacia el Único que puede satisfacer por completo mis necesidades, he sido liberada para disfrutar de las personas tal como son, y no como yo pienso que deberían ser.

Te aliento a que evites acudir a los demás como fuente de felicidad y realización. Ya sea un amigo, un hijo, tu cónyuge u otro miembro de la familia, no es justo poner la responsabilidad de tu felicidad en otra persona. Solo Dios puede cumplir de verdad los deseos de tu corazón, y solo Él puede proporcionarte un gozo verdadero y sostenible.

No hay nada peor que sentirse defraudado por las personas que amamos... de nuevo. Por eso, nuestras expectativas hacia los demás deberían medirse con una buena cantidad de gracia. Las personas no son perfectas. Tú no eres perfecto. Solo Dios lo es.

Al poner todo el peso de tus esperanzas y sueños sobre Cristo y no sobre los demás, podemos evitar más decepción. Las personas cometerán errores y nos fallarán, pero podemos consolarnos sabiendo que el amor de Dios nunca fallará.

2. Mantén a Cristo en el centro de tu vida

Cuando aprendes a depender de Jesús para que sea todo lo que necesitas, toda tu perspectiva hacia la intimidad (emocional o física) cambiará. Pasar tiempo con Dios en oración y devoción restaurará los lugares rotos de tu corazón que solo Él puede sanar. Es esta relación estrecha con Cristo la que te da el valor y la libertad de disfrutar plenamente de las relaciones cercanas tal como Dios las ha diseñado.

Jesús afirmó: "Ciertamente, yo soy la vid; ustedes son las ramas. Los que permanecen en mí y yo en ellos producirán mucho fruto porque, separados de mí, no pueden hacer nada" (Juan 15:5, NTV). Sin Dios, no tendríamos vida y sin Cristo no conoceríamos el perfecto amor. Sin Cristo en el centro de nuestra vida, sencillamente no somos capaces de dar o recibir amor incondicional.

Cuando tenemos una relación personal con Cristo, adoptamos sus rasgos, su carácter y sus formas. Aprendemos a vernos a nosotros mismos, y a los demás, a la luz de su Palabra y estamos mejor preparados para amar como Él ama. Él es verdaderamente todo lo que necesitamos: nuestro Salvador, redentor, pastor, proveedor, sanador y amigo.

Wes y yo nos comprometimos como individuos y, muy al principio de nuestro matrimonio, a poner a Jesús por delante de cualquier cosa o persona. No siempre lo hacemos bien, pero nos esforzamos para que Él sea el centro en nuestra vida cotidiana.

Al mantener a Cristo en el lugar central como individuos, nuestro matrimonio funciona, porque ambos nos esforzamos para que sea el Espíritu Santo quien nos guíe y no nuestros deseos egoístas. Como resultado, a mí me resulta más fácil *confiar* en Wes, porque sé que él ha *encomendado* su vida a Cristo, y viceversa. Esta confianza mutua abre la puerta para la intimidad emocional y física, actuando como factor conductor para echar fuera mis temores.

Cualquiera que sea la etapa de vida en la que te encuentras, este principio es fundamental para tu forma de plantearte las relaciones. Cuando Cristo está en el centro de tu vida, toda tu perspectiva cambia y lo que esperas de los demás también lo hará. Las relaciones cercanas se centran más en lo que tú quieres dar a otros, y no en lo que sientes que necesitas recibir de ellos.

3. Escoge amar a los demás a pesar de cómo te sientas

Esto es lo que he aprendido de los más de veinte años de matrimonio con Wes: el amor es, a veces, un sentimiento, pero *siempre* es una decisión. Si eres como yo, tus sentimientos están a menudo por todas partes. Un día puedo estar enamorada

de este maravilloso hombre que Dios me dio, y al siguiente, él está castigado. Afortunadamente he aprendido a seguir el ejemplo de Cristo y no mis sentimientos.

Si seguimos nuestros sentimientos, nos espera un viaje de altibajos que acabará llevándonos a graves decepciones. Dios lo sabe. Él percibe con exactitud cómo funcionan nuestras emociones. Ve nuestro débil, egoísta, voluble, impaciente, envidioso, soberbio e interesado corazón y nos extiende gracia, escogiendo amarnos a pesar de nosotros mismos.

No nos abandona ni cuando nosotros lo abandonemos a Él. Él nos comprende totalmente. Por su ejemplo de amor, podemos aprender a elegir amar a otros, a pesar de lo que podamos sentir en el momento. Uno de mis pasajes favoritos de las Escrituras es 1 Corintios 13:4-7. Creo que es el ejemplo perfecto de lo que es el amor:

El amor es paciente, es bondadoso. El amor no tiene envidia; el amor no es jactancioso, no es arrogante. No se porta indecorosamente; no busca lo suyo, no se irrita, no toma en cuenta el mal *recibido*. El amor no se regocija de la injusticia, sino que se alegra con la verdad. Todo lo sufre, todo lo cree, todo lo espera, todo lo soporta. El amor nunca deja de ser… Y ahora permanecen la fe, la esperanza, el amor: estos tres; pero el mayor de ellos es el amor (1 Corintios 13:4-8, 13, NBLH).

Observa el uso de los verbos de acción aquí: *es, no tiene, no es, se alegra, sufre, cree, espera, soporta,* y *nunca deja de ser.* Amar a los demás requiere esfuerzo. No es solo un sentimiento que tenemos, sino una decisión que tomamos.

En mi matrimonio, amistades y familia, Dios me ha llevado de vuelta a este pasaje bíblico muchas veces: los días en que estoy frustrada, enojada, decepcionada y dispuesta a dejar una relación, recordaré estas palabras y, al mismo tiempo, el Espíritu Santo me susurrará suavemente: "Ama, Crystal. Escoge amar".

Si tu matrimonio se está derrumbando y no crees poder vivir otro momento con tu cónyuge, el amor es la respuesta. Cuando tus hijos consumen cada gramo de tu energía y te sientes solo en la batalla, el amor es la respuesta. Cuando tus amigos o tu familia te defrauden, el amor es la respuesta.

Elegir amar a los demás, a pesar de cómo te sientas, te llevará a experimentar la verdadera intimidad. Tienes el poder de tomar esa decisión. No permitas que el abuso que has experimentado te robe el gozo de tener relaciones de confianza con otros.

Todas nuestras relaciones tendrán algún nivel de dificultad, si no reconocemos lo que está detrás de ciertas emociones y sentimientos. Aplicar estos principios a nuestra vida nos acercará más a Dios y nos preparará para tener unas relaciones más sanas con los demás.

Dios te creó para amar y ser amado, y disfrutar de una abundante vida. Jesús afirmó: "Mi propósito es darles una vida plena y abundante" (Juan 10:10, NTV). En este pasaje, la palabra *plena* quiere decir "abundantemente". Procede del término griego *perissos,* que es un adjetivo que significa "que excede un número, medida o rango; supremo, extraordinario, más extraordinario, superior y más excelente".

Jesús vino para que pudiéramos experimentar vida y amor de un modo supremo, extraordinario, notable, superior y más excelente de lo que podríamos por nuestra cuenta. Los buenos planes de Dios para nosotros incluyen el gozo de estar cerca de Él, y también de disfrutar de relaciones cercanas con otros.

Sigue adelante

Dios es muy capaz de traerte de la oscuridad a la luz y liberarte para que experimentes y disfrutes del poder redentor de la intimidad en tus relaciones, independientemente de lo que hayas vivido o de la etapa de vida en la que te encuentres. La clave está en dejar que Dios sea la única fuente de tu felicidad, mantener a Cristo en el centro de tu vida y escoger amar a los demás, a pesar de cómo puedas sentirte.

El camino que tienes por delante no siempre será fácil. Habrá días buenos y días malos. Experimentarás momentos en los que desearás ceder. Sin embargo, incluso en esos instantes bajos, Dios está obrando. Confía en Él, apóyate en su fuerza y recuerda: Dios está siempre contigo, siempre es bueno ¡y sus planes para ti también lo son!

Notas

Capítulo dos. Paso 2: Afronta la verdad

1. Dan B. Allender, *The Wounded Heart: Hope for Adult Victims of Childhood Sexual Abuse* (Colorado Springs: NavPress, 1990), p. 89. Publicado en español por Editorial Caribe/Betania con el título *Corazón herido: Hay esperanza para los que han sido heridos por el abuso sexual.*
2. "PTSD: National Center for PTSD," U.S. Department of Veterans Affairs, consultado el 14 de octubre del 2015, http://www.ptsd.va.gov/public/PTSD-overview/basics/what-is-ptsd.asp.
3. "Post-Traumatic Stress Disorder (PTSD)," National Institute of Mental Health, consultado el 14 de octubre, 2015; http://www.nimh.nih.gov/health/publications/post-traumatic-stress-disorder-ptsd/index.shtml#pub1.

Capítulo tres. No más deshonra para ti

1. Real Academia Española, *Diccionario de la lengua española,* "vergüenza", consultado el 12 de diciembre, 2016; http://dle.rae.es/?id=be2F2r6.

Capítulo siete. Paso 5: Perdona y déjalo ir

1. Real Academia Española, *Diccionario de la lengua española,* "perdonar", consultado el 12 de diciembre, 2016; http://dle.rae.es/?id=SYpXBA2.

Capítulo nueve. Paso 7: Establece tu nueva vida en Cristo

1. Ver "What are the long-term consequences of child sexual abuse" in "Child Sexual Abuse Statistics," Darkness to Light, consultado el 14 de octubre, 2015, www.d2l.org/atf/cf/%7B64AF78C4-5EB8-45AA-BC28-F7EE2B581919%7D/all_statistics_20150619.pdf.
2. *Ibíd.*

Una oración de salvación

¿**C**rees?

Si no has recibido aún el don de la gracia de Dios, te invito a orar ahora mismo, ahí donde estás. Dios prescinde de las formalidades. Él puede escuchar nuestra oración desde cualquier lugar. Lo importante es que le hables desde tu corazón, arrepentido de tu pecado y seguro de que solo el sacrificio de Jesús puede salvarte. Él declaró: "Al que viene a Mí, de ningún modo lo echaré fuera" (Juan 6:37, NLBH). Puedes confiar en que Él oirá el clamor de tu corazón. Si no estás seguro sobre qué decir, puedes empezar con estas palabras:

> Jesús, admito que soy un pecador necesitado de gracia. Lamento de verdad las cosas que he hecho. Quisiera un nuevo comienzo, borrón y cuenta nueva. Creo que moriste en la cruz por mí, que resucitaste al tercer día para que yo pudiera gozar de una vida nueva al lado tuyo. Te entrego ahora mi corazón. Ven y sé el Señor de mi vida hoy. Gracias. Amén.

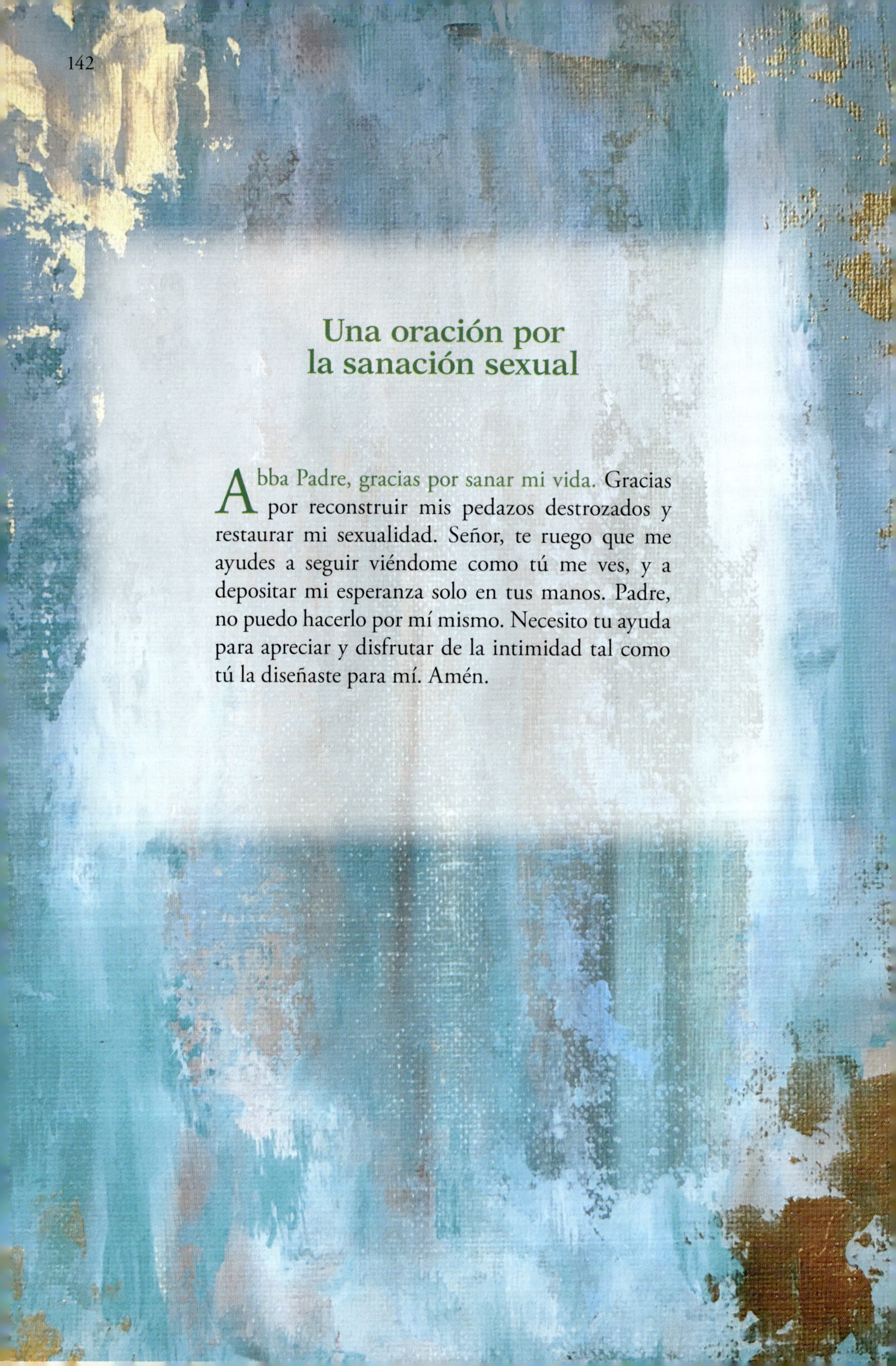

Una oración por la sanación sexual

Abba Padre, gracias por sanar mi vida. Gracias por reconstruir mis pedazos destrozados y restaurar mi sexualidad. Señor, te ruego que me ayudes a seguir viéndome como tú me ves, y a depositar mi esperanza solo en tus manos. Padre, no puedo hacerlo por mí mismo. Necesito tu ayuda para apreciar y disfrutar de la intimidad tal como tú la diseñaste para mí. Amén.

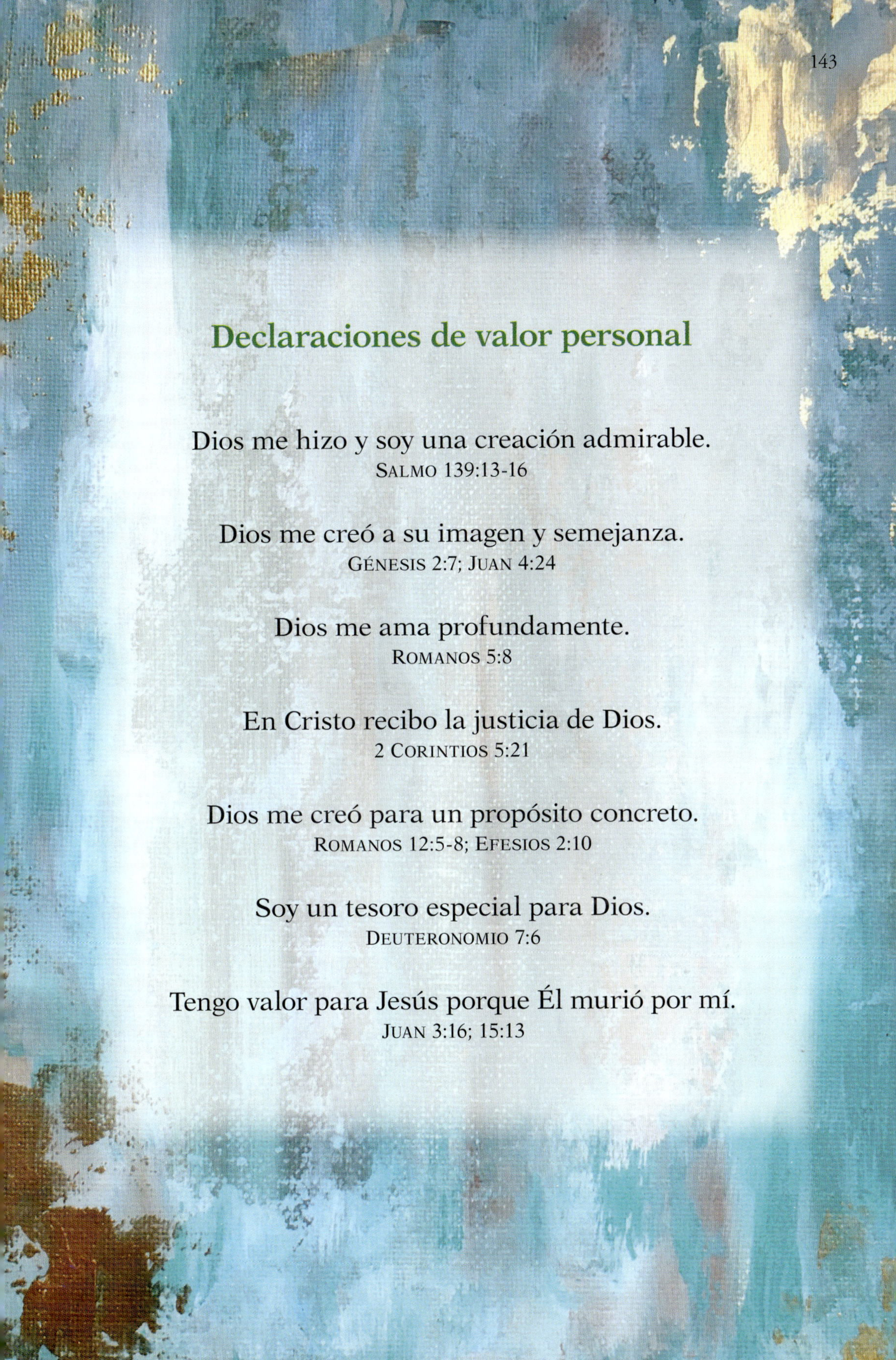

Declaraciones de valor personal

Dios me hizo y soy una creación admirable.
SALMO 139:13-16

Dios me creó a su imagen y semejanza.
GÉNESIS 2:7; JUAN 4:24

Dios me ama profundamente.
ROMANOS 5:8

En Cristo recibo la justicia de Dios.
2 CORINTIOS 5:21

Dios me creó para un propósito concreto.
ROMANOS 12:5-8; EFESIOS 2:10

Soy un tesoro especial para Dios.
DEUTERONOMIO 7:6

Tengo valor para Jesús porque Él murió por mí.
JUAN 3:16; 15:13

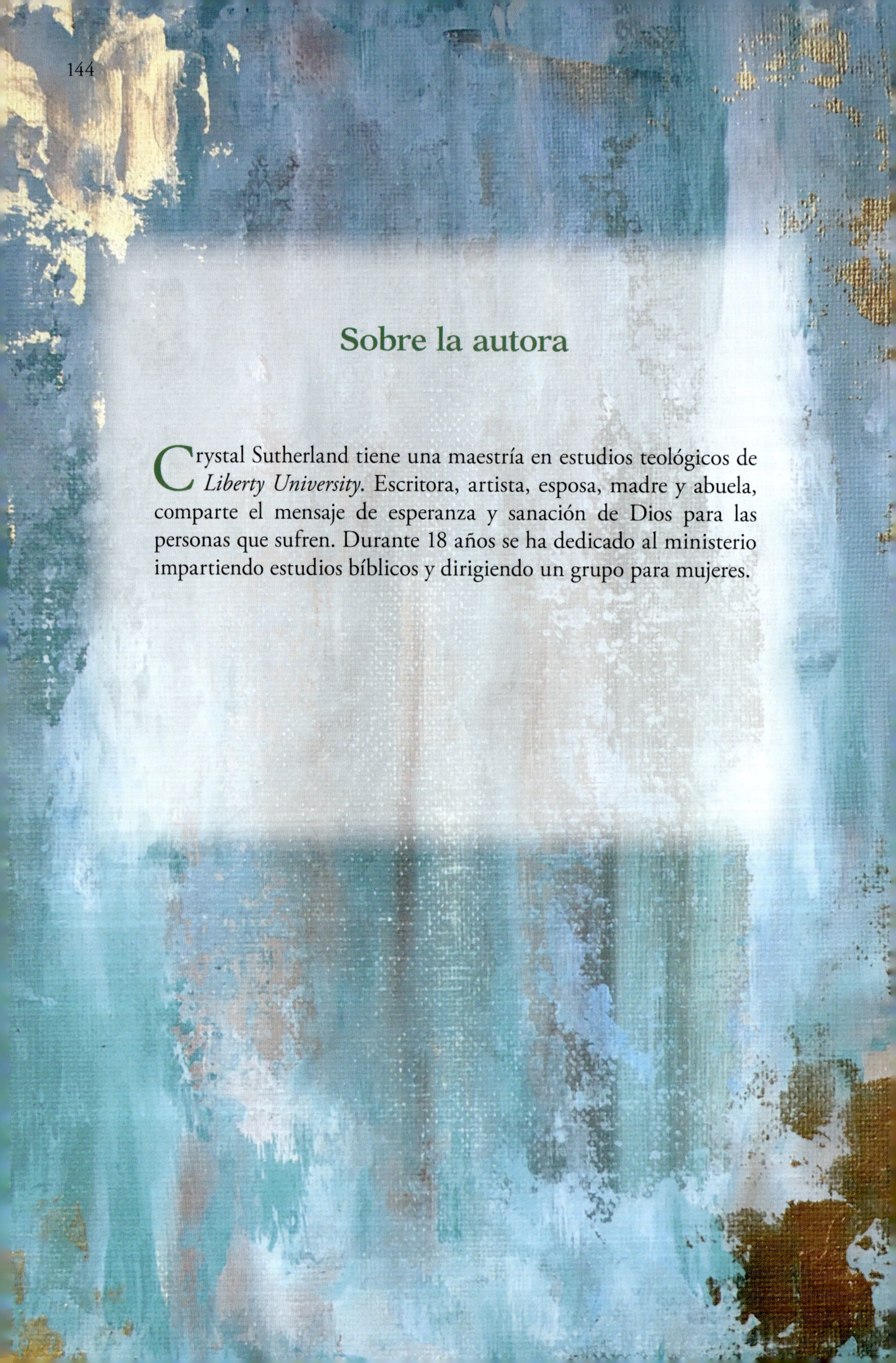

Sobre la autora

Crystal Sutherland tiene una maestría en estudios teológicos de *Liberty University*. Escritora, artista, esposa, madre y abuela, comparte el mensaje de esperanza y sanación de Dios para las personas que sufren. Durante 18 años se ha dedicado al ministerio impartiendo estudios bíblicos y dirigiendo un grupo para mujeres.

Capítulo 1 – Paso 1: Comprométete con el viaje (página 26)

Él hace prosperar a los pobres y protege a los que sufren. (Job 5:11, NTV)

Tu palabra es una lámpara que guía mis pies y una luz para mi camino. (Salmo 119:105, NTV)

No tengas miedo, porque yo estoy contigo; no te desalientes, porque yo soy tu Dios. Te daré fuerzas y te ayudaré; te sostendré con mi mano derecha victoriosa. (Isaías 41:10, NTV)

Capítulo 2 – Paso 2: Afronta la verdad (página 41)

Dios es nuestro refugio y nuestra fuerza; siempre está dispuesto a ayudar en tiempos de dificultad. (Salmo 46:1, NTV)

Confía en el Señor con todo tu corazón; no dependas de tu propio entendimiento. (Proverbios 3:5, NTV)

Como nos dicen las Escrituras: «Todo el que confíe en él jamás será avergonzado» (Romanos 10:11, NTV)

Capítulo 3 – No más deshonra para ti (página 50)

[1] Los que viven al amparo del Altísimo encontrarán descanso a la sombra del Todopoderoso. [2] Declaro lo siguiente acerca del Señor: Solo él es mi refugio, mi lugar seguro; él es mi Dios y en él confío… [14] El Señor dice: «Rescataré a los que me aman; protegeré a los que confían en mi nombre. [15] Cuando me llamen, yo les responderé; estaré con ellos en medio de las dificultades. Los rescataré y los honraré». (Salmo 91:1-2, 14-15, NTV)

Vengan ahora. Vamos a resolver este asunto —dice el Señor—. Aunque sus pecados sean como la escarlata, yo los haré tan blancos como la nieve. Aunque sean rojos como el carmesí, yo los haré tan blancos como la lana. (Isaías 1:18, NTV)

Pero en aquel día venidero, ningún arma que te ataque triunfará. Silenciarás cuanta voz se levante para acusarte. Estos beneficios los disfrutan los siervos del Señor; yo seré quien los reivindique. ¡Yo, el Señor, he hablado! (Isaías 54:17, NTV)

Capítulo 4 – PASO 3: Comparte tu historia (página 58)

A todos los que se lamentan en Israel les dará una corona de belleza en lugar de cenizas, una gozosa bendición en lugar de luto, una festiva alabanza en lugar de desesperación. Ellos, en su justicia, serán como grandes robles que el Señor ha plantado para su propia gloria. (Isaías 61:3, NTV)

Y sabemos que Dios hace que todas las cosas cooperen para el bien de quienes lo aman y son llamados según el propósito que él tiene para ellos. (Romanos 8:28, NTV)

[16] Pido en oración que, de sus gloriosos e inagotables recursos, los fortalezca con poder en el ser interior por medio de su Espíritu. [17] Entonces Cristo habitará en el corazón de ustedes a medida que confíen en él. Echarán raíces profundas en el amor de Dios, y ellas los mantendrán fuertes. [18] Espero que puedan comprender, como corresponde a todo el pueblo de Dios, cuán ancho, cuán largo, cuán alto y cuán profundo es su amor. [19] Es mi deseo que experimenten el amor de Cristo, aun cuando es demasiado grande para comprenderlo todo. Entonces serán completos con toda la plenitud de la vida y el poder que proviene de Dios. (Efesios 3:16-19, NTV)

Capítulo 5 – PASO 4: Sentimientos no resueltos (página 78)

Pues su ira dura solo un instante, ¡pero su favor perdura toda una vida! El llanto podrá durar toda la noche, pero con la mañana llega la alegría. (Salmo 30:5, NTV)

⁴ Deléitate en el SEÑOR, y él te concederá los deseos de tu corazón. ⁵ Entrega al SEÑOR todo lo que haces; confía en él, y él te ayudará. ⁶ Él hará resplandecer tu inocencia como el amanecer, y la justicia de tu causa brillará como el sol de mediodía. ⁷ Quédate quieto en la presencia del SEÑOR, y espera con paciencia a que él actúe. No te inquietes por la gente mala que prospera, ni te preocupes por sus perversas maquinaciones. ⁸ ¡Ya no sigas enojado! ¡Deja a un lado tu ira! No pierdas los estribos, que eso únicamente causa daño. (Salmo 37:4-8, NTV)

No dejen que el corazón se les llene de angustia; confíen en Dios y confíen también en mí. (Juan 14:1, NTV)

⁶ Así que humíllense ante el gran poder de Dios y, a su debido tiempo, él los levantará con honor. ⁷ Pongan todas sus preocupaciones y ansiedades en las manos de Dios, porque él cuida de ustedes. (1 Pedro 5:6-7, NTV)

El enojo humano no produce la rectitud que Dios desea. (Santiago 1:20, NTV)

Capítulo 6 – ¿Cuál es el papel de Dios en tu historia? (página 84)

¹ El Señor es mi luz y mi salvación; ¿a quién temeré? El Señor es la fortaleza de mi vida; ¿de quién tendré temor? ² Cuando los malhechores vinieron sobre mí para devorar mis carnes, ellos, mis adversarios y mis enemigos, tropezaron y cayeron. ³ Si un ejército acampa contra mí, no temerá mi corazón; si contra mí se levanta guerra, *a pesar* de ello, yo estaré confiado.

⁴ Una cosa he pedido al Señor, *y* ésa buscaré: que habite yo en la casa del Señor todos los días de mi vida, para contemplar la hermosura del Señor y para meditar en Su templo. ⁵ Porque en el día de la angustia me esconderá en Su tabernáculo; en lo secreto de Su tienda me ocultará; sobre una roca me pondrá en alto. ⁶ Entonces será levantada mi cabeza sobre mis enemigos que me cercan, y en Su tienda ofreceré sacrificios con voces de júbilo; cantaré, sí, cantaré alabanzas al Señor.

⁷ Escucha, oh Señor, mi voz cuando clamo; ten piedad de mí, y respóndeme. ⁸ *Cuando dijiste*: "Busquen Mi rostro," mi corazón Te respondió: "Tu rostro, Señor, buscaré." ⁹ No escondas Tu rostro de mí; no rechaces con ira a Tu siervo; Tú has sido mi ayuda. No me abandones ni me desampares, oh Dios de mi salvación. ¹⁰ Porque *aunque* mi padre y mi madre me hayan abandonado, el Señor me recogerá.

¹¹ Señor, enséñame Tu camino, y guíame por senda llana por causa de mis enemigos. ¹² No me entregues a la voluntad de mis adversarios; porque testigos falsos se han levantado contra mí, y los que respiran violencia. ¹³ *Hubiera yo desmayado*, si no hubiera creído que había de ver la bondad del Señor en la tierra de los vivientes. ¹⁴ Espera al Señor; esfuérzate y aliéntese tu corazón. Sí, espera al Señor. (Salmo 27, nblh)

Te conocía aun antes de haberte formado en el vientre de tu madre; antes de que nacieras, te aparté y te nombré mi profeta a las naciones. (Jeremías 1:5, ntv)

⁷ Pero benditos son los que confían en el SEÑOR y han hecho que el SEÑOR sea su esperanza y confianza. ⁸ Son como árboles plantados junto a la ribera de un río con raíces que se hunden en las aguas. A esos árboles no les afecta el calor ni temen los largos meses de sequía. Sus hojas están siempre verdes y nunca dejan de producir fruto. ⁹ El corazón humano es lo más engañoso que hay, y extremadamente perverso. ¿Quién realmente sabe qué tan malo es? (Jeremías 17:7-9, NTV)

Dios decidió de antemano adoptarnos como miembros de su familia al acercarnos a sí mismo por medio de Jesucristo. Eso es precisamente lo que él quería hacer, y le dio gran gusto hacerlo. (Efesios 1:5, NTV)

¹ Miren con cuánto amor nos ama nuestro Padre que nos llama sus hijos, ¡y eso es lo que somos! Pero la gente de este mundo no reconoce que somos hijos de Dios, porque no lo conocen a él. ² Queridos amigos, ya somos hijos de Dios, pero él todavía no nos ha mostrado lo que seremos cuando Cristo venga; pero sí sabemos que seremos como él, porque lo veremos tal como él es. (1 Juan 3:1-2, NTV)

Capítulo 7 – PASO 5: Perdona y déjalo ir (página 98)

²¹ Luego Pedro se le acercó y preguntó:

—Señor, ¿cuántas veces debo perdonar a alguien que peca contra mí? ¿Siete veces?

²² —No siete veces —respondió Jesús—, sino setenta veces siete.

²³ »Por lo tanto, el reino del cielo se puede comparar a un rey que decidió poner al día las cuentas con los siervos que le habían pedido prestado dinero. ²⁴ En el proceso, le trajeron a uno de sus deudores que le debía millones de monedas de plata. ²⁵ No podía pagar, así que su amo ordenó que lo vendieran —junto con su esposa, sus hijos y todo lo que poseía— para pagar la deuda.

²⁶ »El hombre cayó de rodillas ante su amo y le suplicó: "Por favor, tenme paciencia y te lo pagaré todo". ²⁷ Entonces el amo sintió mucha lástima por él, y lo liberó y le perdonó la deuda.

²⁸ »Pero cuando el hombre salió de la presencia del rey, fue a buscar a un compañero, también siervo, que le debía unos pocos miles de monedas de plata. Lo tomó del cuello y le exigió que le pagara de inmediato.

²⁹ »El compañero cayó de rodillas ante él y le rogó que le diera un poco más de tiempo. "Ten paciencia conmigo, y yo te pagaré", le suplicó. ³⁰ Pero el acreedor no estaba dispuesto a esperar. Hizo arrestar al hombre y lo puso en prisión hasta que pagara toda la deuda.

³¹ »Cuando algunos de los otros siervos vieron eso, se disgustaron mucho. Fueron ante el rey y le contaron todo lo que había sucedido. ³² Entonces el rey llamó al hombre al que había perdonado y le dijo: "¡Siervo malvado! Te perdoné esa tremenda deuda porque me lo rogaste. ³³ ¿No deberías haber tenido compasión de tu compañero así como yo tuve compasión de ti?". ³⁴ Entonces el rey, enojado, envió al hombre a la prisión para que lo torturaran hasta que pagara toda la deuda.

³⁵ »Eso es lo que les hará mi Padre celestial a ustedes si se niegan a perdonar de corazón a sus hermanos. (Mateo 18:21-35, NTV)

[19] Ahora pues, arrepiéntanse de sus pecados y vuelvan a Dios para que sus pecados sean borrados. [20] Entonces, de la presencia del Señor vendrán tiempos de refrigerio y él les enviará nuevamente a Jesús, el Mesías designado para ustedes. (Hechos 3:19-20, NTV)

[4] El amor es paciente, es bondadoso. El amor no tiene envidia; el amor no es jactancioso, no es arrogante. [5] No se porta indecorosamente; no busca lo suyo, no se irrita, no toma en cuenta el mal *recibido*. [6] El amor no se regocija de la injusticia, sino que se alegra con la verdad. (1 Corintios 13:4-6, NBLH)

[31] Sea quitada de ustedes toda amargura, enojo, ira, gritos, insultos, así como toda malicia. [32] Sean más bien amables unos con otros, misericordiosos, perdonándose unos a otros, así como también Dios los perdonó en Cristo. (Efesios 4:31-32, NBLH)

Capítulo 8 – Paso 6: Descubre tu verdadera identidad (página 109)

[1] Oh Señor, Tú me has escudriñado y conocido. [2] Tú conoces mi sentarme y mi levantarme; desde lejos comprendes mis pensamientos. [3] Tú escudriñas mi senda y mi descanso, y conoces bien todos mis caminos. [4] Aun antes de que haya palabra en mi boca, oh Señor, Tú *ya* la sabes toda. [5] Por detrás y por delante me has cercado, y Tu mano pusiste sobre mí. [6] *Tal* conocimiento es demasiado maravilloso para mí; es *muy* elevado, no lo puedo alcanzar.

[7] ¿Adónde me iré de Tu Espíritu, o adónde huiré de Tu presencia? [8] Si subo a los cielos, allí estás Tú; si en el Seol preparo mi lecho, allí Tú estás. [9] *Si* tomo las alas del alba, *y si* habito en lo más remoto del mar, [10] aun allí me guiará Tu mano, y me tomará Tu diestra. [11] Si digo: "Ciertamente las tinieblas me envolverán, y la luz a mi alrededor será noche;" [12] ni aun las tinieblas son oscuras para Ti, y la noche brilla como el día. Las tinieblas y la luz son iguales *para Ti*.

[13] Porque Tú formaste mis entrañas; me hiciste en el seno de mi madre. [14] Te daré gracias, porque asombrosa *y* maravillosamente he sido hecho; maravillosas son Tus obras, y mi alma lo sabe muy bien. [15] No estaba oculto de Ti mi cuerpo, Cuando en secreto fui formado, *y* entretejido en las profundidades de la tierra. [16] Tus ojos vieron mi embrión, y en Tu libro se escribieron todos los días que *me* fueron dados, Cuando *no existía* ni uno solo de ellos…

[23] Escudríñame, oh Dios, y conoce mi corazón; pruébame y conoce mis inquietudes. [24] Y ve si hay en mí camino malo, y guíame en el camino eterno. (Salmo 139:1-16, 23-24, NBLH)

Entregué a otros a cambio de ti. Cambié la vida de ellos por la tuya, porque eres muy precioso para mí. Recibes honra, y yo te amo. (Isaías 43:4, NTV)

No hay un amor más grande que el dar la vida por los amigos. (Juan 15:13, NTV)

[6] Dios, en su gracia, nos ha dado dones diferentes para hacer bien determinadas cosas. Por lo tanto, si Dios te dio la capacidad de profetizar, habla con toda la fe que Dios te haya concedido. [7] Si tu don es servir a otros, sírvelos bien. Si eres maestro, enseña bien. [8] Si tu don consiste en animar a otros, anímalos. Si tu don es dar, hazlo con generosidad. Si Dios te ha dado la capacidad de liderar, toma la responsabilidad en serio. Y si tienes el don de mostrar bondad a otros, hazlo con gusto. (Romanos 12:6-8, NTV)

Capítulo 9 – Paso 7: Establece tu nueva vida en Cristo (página 128)

Llevó nuestros pecados tan lejos de nosotros como está el oriente del occidente. (Salmo 103:12, NTV)

Yo, sí, yo solo, borraré tus pecados por amor a mí mismo y nunca volveré a pensar en ellos. (Isaías 43:25, NTV)

[1] Por lo tanto, ya no hay condenación para los que pertenecen a Cristo Jesús; [2] y porque ustedes pertenecen a él, el poder del Espíritu que da vida los ha libertado del poder del pecado, que lleva a la muerte. [3] La ley de Moisés no podía salvarnos, porque nuestra naturaleza pecaminosa es débil. Así que Dios hizo lo que la ley no podía hacer. Él envió a su propio Hijo en un cuerpo como el que nosotros los pecadores tenemos; y en ese cuerpo, mediante la entrega de su Hijo como sacrificio por nuestros pecados, Dios declaró el fin del dominio que el pecado tenía sobre nosotros. [4] Lo hizo para que se cumpliera totalmente la exigencia justa de la ley a favor de nosotros, que ya no seguimos a nuestra naturaleza pecaminosa sino que seguimos al Espíritu.

[5] Los que están dominados por la naturaleza pecaminosa piensan en cosas pecaminosas, pero los que son controlados por el Espíritu Santo piensan en las cosas que agradan al Espíritu.

[6] Por lo tanto, permitir que la naturaleza pecaminosa les controle la mente lleva a la muerte. Pero permitir que el Espíritu les controle la mente lleva a la vida y a la paz. [7] Pues la naturaleza pecaminosa es enemiga de Dios siempre. Nunca obedeció las leyes de Dios y jamás lo hará. [8] Por eso, los que todavía viven bajo el dominio de la naturaleza pecaminosa nunca pueden agradar a Dios.

[9] Pero ustedes no están dominados por su naturaleza pecaminosa. Son controlados por el Espíritu si el Espíritu de Dios vive en ustedes. (Y recuerden que los que no tienen al Espíritu de Cristo en ellos, de ninguna manera pertenecen a él).

¹⁰ Y Cristo vive en ustedes; entonces, aunque el cuerpo morirá por causa del pecado, el Espíritu les da vida, porque ustedes ya fueron declarados justos a los ojos de Dios. ¹¹ El Espíritu de Dios, quien levantó a Jesús de los muertos, vive en ustedes; y así como Dios levantó a Cristo Jesús de los muertos, él dará vida a sus cuerpos mortales mediante el mismo Espíritu, quien vive en ustedes.

¹² Por lo tanto, amados hermanos, no están obligados a hacer lo que su naturaleza pecaminosa los incita a hacer; ¹³ pues, si viven obedeciéndola, morirán; pero si mediante el poder del Espíritu hacen morir las acciones de la naturaleza pecaminosa, vivirán. ¹⁴ Pues todos los que son guiados por el Espíritu de Dios son hijos de Dios.

¹⁵ Y ustedes no han recibido un espíritu que los esclavice al miedo. En cambio, recibieron el Espíritu de Dios cuando él los adoptó como sus propios hijos. Ahora lo llamamos «Abba, Padre». ¹⁶ Pues su Espíritu se une a nuestro espíritu para confirmar que somos hijos de Dios. ¹⁷ Así que como somos sus hijos, también somos sus herederos. De hecho, somos herederos junto con Cristo de la gloria de Dios; pero si vamos a participar de su gloria, también debemos participar de su sufrimiento.

¹⁸ Sin embargo, lo que ahora sufrimos no es nada comparado con la gloria que él nos revelará más adelante. ¹⁹ Pues toda la creación espera con anhelo el día futuro en que Dios revelará quiénes son verdaderamente sus hijos. ²⁰ Contra su propia voluntad, toda la creación quedó sujeta a la maldición de Dios. Sin embargo, con gran esperanza, ²¹ la creación espera el día en que será liberada de la muerte y la descomposición, y se unirá a la gloria de los hijos de Dios. ²² Pues sabemos que, hasta el día de hoy, toda la creación gime de angustia como si tuviera dolores de parto; ²³ y

los creyentes también gemimos —aunque tenemos al Espíritu Santo en nosotros como una muestra anticipada de la gloria futura— porque anhelamos que nuestro cuerpo sea liberado del pecado y el sufrimiento. Nosotros también deseamos con una esperanza ferviente que llegue el día en que Dios nos dé todos nuestros derechos como sus hijos adoptivos, incluido el nuevo cuerpo que nos prometió. [24] Recibimos esa esperanza cuando fuimos salvos. (Si uno ya tiene algo, no necesita esperarlo; [25] pero si deseamos algo que todavía no tenemos, debemos esperar con paciencia y confianza).

[26] Además, el Espíritu Santo nos ayuda en nuestra debilidad. Por ejemplo, nosotros no sabemos qué quiere Dios que le pidamos en oración, pero el Espíritu Santo ora por nosotros con gemidos que no pueden expresarse con palabras. [27] Y el Padre, quien conoce cada corazón, sabe lo que el Espíritu dice, porque el Espíritu intercede por nosotros, los creyentes, en armonía con la voluntad de Dios. [28] Y sabemos que Dios hace que todas las cosas cooperen para el bien de quienes lo aman y son llamados según el propósito que él tiene para ellos. [29] Pues Dios conoció a los suyos de antemano y los eligió para que llegaran a ser como su Hijo, a fin de que su Hijo fuera el hijo mayor de muchos hermanos. [30] Después de haberlos elegido, Dios los llamó para que se acercaran a él; y una vez que los llamó, los puso en la relación correcta con él; y luego de ponerlos en la relación correcta con él, les dio su gloria.

[31] ¿Qué podemos decir acerca de cosas tan maravillosas como estas? Si Dios está a favor de nosotros, ¿quién podrá ponerse en nuestra contra? [32] Si Dios no se guardó ni a su propio Hijo, sino que lo entregó por todos nosotros, ¿no nos dará también todo lo demás? [33] ¿Quién se atreve a acusarnos a nosotros, a quienes Dios ha elegido para sí? Nadie, porque Dios mismo nos puso en la relación correcta con él. [34] Entonces, ¿quién nos condenará? Nadie, porque Cristo Jesús murió por nosotros y resucitó por nosotros, y está sentado en el lugar de honor, a la derecha de Dios, e intercede por nosotros.

[35] ¿Acaso hay algo que pueda separarnos del amor de Cristo? ¿Será que él ya no nos ama si tenemos problemas o aflicciones, si somos perseguidos o pasamos hambre o estamos en la miseria o en peligro o bajo amenaza de muerte? [36] (Como dicen las Escrituras: «Por tu causa nos matan cada día; nos tratan como a ovejas en el matadero»). [37] Claro que no, a pesar de todas estas cosas, nuestra victoria es absoluta por medio de Cristo, quien nos amó.

[38] Y estoy convencido de que nada podrá jamás separarnos del amor de Dios. Ni la muerte ni la vida, ni ángeles ni demonios, ni nuestros temores de hoy ni nuestras preocupaciones de mañana. Ni siquiera los poderes del infierno pueden separarnos del amor de Dios. [39] Ningún poder en las alturas ni en las profundidades, de hecho, nada en toda la creación podrá jamás separarnos del amor de Dios, que está revelado en Cristo Jesús nuestro Señor. (Romanos 8, NTV)

Esperanza

¹⁶Digo, pues: anden por el Espíritu, y no cumplirán el deseo de la carne. ¹⁷Porque el deseo de la carne es contra el Espíritu, y el *del* Espíritu es contra la carne, pues éstos se oponen el uno al otro, de manera que ustedes no pueden hacer lo que deseen. ¹⁸Pero si son guiados por el Espíritu, no están bajo la Ley. ¹⁹Ahora bien, las obras de la carne son evidentes, las cuales son: inmoralidad, impureza, sensualidad, ²⁰idolatría, hechicería, enemistades, pleitos, celos, enojos, rivalidades, disensiones, herejías, ²¹envidias, borracheras, orgías y cosas semejantes, contra las cuales les advierto, como ya se lo he dicho antes, que los que practican tales cosas no heredarán el reino de Dios.

²²Pero el fruto del Espíritu es amor, gozo, paz, paciencia, benignidad, bondad, fidelidad, ²³mansedumbre, dominio propio; contra tales cosas no hay ley. ²⁴Pues los que son de Cristo Jesús han crucificado la carne con sus pasiones y deseos.

²⁵Si vivimos por el Espíritu, andemos también por el Espíritu. ²⁶No nos hagamos vanagloriosos, provocándonos unos a otros, envidiándonos unos a otros. (Gálatas 5:16-26, nblh)

²⁵Y no dejemos de congregarnos, como lo hacen algunos, sino animémonos unos a otros, sobre todo ahora que el día de su regreso se acerca. ²⁶Queridos amigos, si seguimos pecando a propósito después de haber recibido el conocimiento de la verdad, ya no queda ningún sacrificio que cubra esos pecados. ²⁷Solo queda la terrible expectativa del juicio de Dios y el fuego violento que consumirá a sus enemigos. (Hebreos 10:25-27, ntv)

¿Cuál es el papel de Dios en tu historia?

Dios es compasivo

Compasivo y clemente es el Señor, lento para la ira y grande en misericordia. (Salmo 103:8, NBLH)

[4] Pero Dios es tan rico en misericordia y nos amó tanto [5] que, a pesar de que estábamos muertos por causa de nuestros pecados, nos dio vida cuando levantó a Cristo de los muertos. (¡Es solo por la gracia de Dios que ustedes han sido salvados!) (Efesios 2:4-5, NTV)

Por tanto, acerquémonos con confianza al trono de la gracia para que recibamos misericordia, y hallemos gracia para la ayuda oportuna. (Hebreos 4:16, NBLH)

Dios es recto y justo

Pues yo, el Señor, amo la justicia; odio el robo y la fechoría. Recompensaré fielmente a mi pueblo por su sufrimiento y haré un pacto eterno con él. (Isaías 61:8, NTV)

Pero yo, el Señor, investigo todos los corazones y examino las intenciones secretas. A todos les doy la debida recompensa, según lo merecen sus acciones. (Jeremías 17:10, NTV)

Amados, nunca tomen venganza ustedes mismos, sino den lugar a la ira *de Dios*, porque escrito está: "Mía es la venganza, Yo pagaré," dice el Señor. (Romanos 12:19, NBLH)

Dios es fiel

[22] Que las misericordias del Señor jamás terminan, pues nunca fallan Sus bondades; [23] son nuevas cada mañana; ¡grande es Tu fidelidad! (Lamentaciones 3:22-23, NBLH)

¡Oh Señor Dios de los Ejércitos Celestiales! ¿Dónde hay alguien tan poderoso como tú, oh Señor? Eres completamente fiel. (Salmo 89:8, NTV)

Si somos infieles (incrédulos), Él permanece fiel, pues no puede negarse Él mismo. (2 Timoteo 2:13, NBLH)

Dios es todopoderoso

Sabio de corazón y robusto de fuerzas, ¿quién Lo ha desafiado sin sufrir daño? (Job 9:4, NBLH)

¡Ah, Señor Dios! Ciertamente, Tú hiciste los cielos y la tierra con Tu gran poder y con Tu brazo extendido. Nada es imposible para Ti, (Jeremías 32:17, NBLH)

Usamos las armas poderosas de Dios, no las del mundo, para derribar las fortalezas del razonamiento humano y para destruir argumentos falsos. (2 Corintios 10:4, NTV)

Dios es inmutable

Reconoce, por lo tanto, que el Señor tu Dios es verdaderamente Dios. Él es Dios fiel, quien cumple su pacto por mil generaciones y derrama su amor inagotable sobre quienes lo aman y obedecen sus mandatos. (Deuteronomio 7:9, NTV)

¿Quién ha hecho obras tan poderosas, llamando a cada nueva generación desde el principio del tiempo? Soy yo, el Señor, el Primero y el Último; únicamente yo lo soy. (Isaías 41:4, NTV)
Jesucristo *es* el mismo ayer y hoy y siempre. (Hebreos 13:8, NBLH)

Dios es perdonador

Pero el Señor, nuestro Dios, es misericordioso y perdonador, a pesar de habernos rebelado contra él. (Daniel 9:9, NTV)

¿Dónde hay otro Dios como tú, que perdona la culpa del remanente y pasa por alto los pecados de su preciado pueblo? No seguirás enojado con tu pueblo para siempre, porque tú te deleitas en mostrar tu amor inagotable. (Miqueas 7:18, NTV)

Él dio su vida para liberarnos de toda clase de pecado, para limpiarnos y para hacernos su pueblo, totalmente comprometidos a hacer buenas acciones. (Tito 2:14, NTV)

Dios es bueno

¡Den gracias al Señor, porque él es bueno! *Su fiel amor perdura para siempre.* (Salmo 136:1, NTV)

Enséñame a hacer tu voluntad, porque tú eres mi Dios. Que tu buen Espíritu me lleve hacia adelante con pasos firmes. (Salmo 143:10, NTV)

—¿Por qué me llamas bueno? —preguntó Jesús—. Solo Dios es verdaderamente bueno. (Marcos 10:18, NTV)

No temas, porque Yo
estoy contigo;
No te desalientes,
porque Yo soy tu Dios.
Te fortaleceré,
ciertamente te ayudaré,
Sí, te sostendré con la
diestra de Mi justicia.
—ISAÍAS 41:10, NBLH